포켓브러리
006

손일락 지음

Good Manner Good Life

패션, 인사, 악수,
소개, 명함교환, 방문,
전화, 접대와 안내,
테이블 매너, 음주,
레스토랑
⋮

세창미디어

포켓브러리 006

굿 매너 굿 라이프

초판 1쇄 인쇄 2010년 1월 15일
초판 1쇄 발행 2010년 1월 20일

지은이 손일락 | **펴낸이** 이방원

편집 김명희 · 김종훈 · 손소현 · 안효희 | **마케팅** 최성수

펴낸곳 세창미디어 | **출판신고** 1998년 1월 12일 제300-1998-3호
주소 120-050 서울시 서대문구 냉천동 182 냉천빌딩 4층
전화 723-8660 | **팩스** 720-4579
이메일 sc1992@empal.com
홈페이지 http://www.scpc.co.kr

ISBN 978-89-5586-104-4 04320
ISBN 978-89-5586-096-2(세트)

ⓒ손일락, 2010

값 5,000원

잘못 만들어진 책은 바꾸어 드립니다.

굿 매너 굿 라이프 / 손일락 지음. — 서울 : 세창미디어, 2010
   p ; cm — (포켓브러리 ; 006)

ISBN 978-89-5586-104-4 04320 : ₩5000
ISBN 978-89-5586-096-2(세트)

예절[禮節]
생활 예절[生活 禮節]

194.1-KDC4
177.1-DDC21   CIP2010000094

천박한 문화가 판치는 세상이다. 패스트푸드에 대한 반동으로 슬로푸드 운동이 움트고 있다고는 하지만 여전히 햄버거니 피자니 라면이니 인스턴트커피니 하는 정크 푸드(junk food)가 대세이다. 음악계도 트로트나 랩, 댄스뮤직 일변도로, 클래식이나 발라드가 숨 쉴 공간을 찾아보기 어렵다. 〈꽃보다 남자〉의 꽃미남들은 근사한 턱시도에 목 없는 양말 차림으로 사람 좋은 미소를 짓는다.

우리나라 사람들의 국제적인 감각이나 질서의식은 과거와는 비교가 되지 않을 정도로 성숙했다. 하지만 아직도 OECD 국가의 수준에는 턱없이 부족한 것 또한 사실이다.

사회학자 노버트 엘리어스에 따르면 매너는 귀족계급의 전유물이었다. 매너가 발전하게 된 계기는 골프, 승마, 요트 등 호화스포츠와 마찬가지로 민중계급과의 차별성 확보라는 귀족계급의 끈질긴 염원과 관계가 있다. 그것의 발전배경이야 어떻든 궁중예절에서 비롯된 매너는 세월이 흐르면서 자본가계급을 거쳐 민중계급에로 전파되었고, 오늘날에는 인간관계의 기본이나 본질로 자리 잡았다.

매너란 단순히 "밥을 이렇게 먹자"라든가 "옷을 이렇게 입자"는 식의 단순한 지식이나 기술이 아니다. 그것은 이성을 유혹하려는 작업맨들의 작업도구이거나 전가의 보도도 아니다. 그것은 더불어 사는 이들에 대한 배려요, 사랑이다. 그것은 교양인이 갖추어야 마땅한 기본적인 속성이나 자질이다. "매너는 한 마디로 사람이요, 사랑인 것이다."

매너를 지키지 않으면 친구를 잃고, 사랑을 잃는다. 친구와 사랑을 잃으면 궁극적으로 가정이나 공동 사회를 이루기 어려워지며, 비즈니스나 꿈을 이루는 일도 불가능해진다. 교양인의 전제인 매너를 개인의 경쟁력이자 직장과 가정의 경쟁력이요, 나아가서는 국가의 경쟁력이라고 목청을 높여 주장하는 이유가 여기에 있다.

교양인이 세상을 지배하고, 천박한 문화가 움틀 여지가 사라져야 격이 있는 나라, 참된 선진국이 될 수 있으리라 확신한다.

2009년 11월

교양인을 꿈꾸는 사람

매너의 어원과 유래

매너의 어원

매너는 마누스(manus)와 아리우스(arius)의 합성어로, 라틴어인 마누아리우스(manuarius)에서 파생되었다. 마누스(manus)는 본래 'hand', 즉 '사람의 손'을 뜻했지만, 현대에 이르러 인간의 행동이나 습관이라는 의미로 널리 쓰이고 있다. 여기에 방식, 방법을 의미하는 '아리우스(arius)'가 덧붙여져 인간의 행동방식을 의미하는 용어로서 매너라는 표현이 생겨나게 되었다.

🔷 매너의 유래

프랑스어인 '에티켓(étiquette)'에서 비롯된 것으로 알려진 매너의 유래에 대해서는 다음과 같은 두 가지 설이 전해진다.

유래 하나

프랑스어 에티켓의 사전적 정의는 '명찰', '꼬리표'이다. 에티켓은 17세기 프랑스의 왕이었던 태양왕 루이 14세가 귀족들에게 발급한 베르사유 궁전 출입증인 티켓(ticket)에서 비롯되었다고 한다. 에티켓은 궁전 출입이 허용됨을 뜻했고, 아울러 궁전의 분위기를 이해하고 따르는 귀족의 신분을 나타내는 일종의 신분증 역할을 하였다. 당시 귀족들이 궁정 생활을 통해 자연스럽게 습득한 궁정 예법, 고상한 말투와 세련된 몸가짐 등은 후일 민중들이 본받아야 할 행동방식으로 널리 인식되었고, 이를 몸에 익힌 이들은 다른 사람으로부터 호감과 존경을 받았다. 에티켓이 오늘날에도 교양인이 갖추어야 할 기본자세, 곧 매너로 간주되는 것은 그 때문이다.

유래 둘

　　　　　"짐이 곧 국가다"라는 말로 유명한, 17세기 프랑스의 왕이자 절대 권력자였던 루이 14세는 지방의 영주와 귀족들이 세력을 확장해 자신의 권위에 맞서지 않을까 늘 노심초사했다. 그래서 그들로 하여금 베르사유 궁전 근처에 거처를 마련토록 하였고, 수시로 연회를 열어 그들이 항시 자신의 근처에 머무르도록 분위기를 만들었다.

그러나 당시 베르사유 궁전에는 적게는 수백, 많게는 수천에 이르는 방문자나 상주인구가 사용할 수 있는 화장실은 그 어디에도 마련되어 있지 않았다. 따라서 볼일이 급한 이들은 그저 몸을 숨길 수 있는 장소라면 어디서든 바지나 치마를 내리기 일쑤였다. 사정이 이러하다 보니 당시 가장 피해가 큰 장소는 꽃나무가 무성한 정원일 수밖에 없었다.[1] 이에 상심한 정원사가 고육지책으로 생각해낸 대책이 바로 정원에 들어가지 말 것을 호소하는 푯말을 세우는 것이었다.

처음엔 푯말 따위는 아랑곳하지 않던 귀족들과 신하들도 차츰 시간이 흐르면서 관심을 두게 되었고 점차 이에 따르게 되었다. 이후 이 에피소드로부터 "에티켓을 따르다", "에티켓을 지키다"라는 표현이 생겨나게 되었으며, "다른 사람의 생각을 존중하다"라는 이미가 덧붙게 되었다.

1_ 루이 14세는 외국에서 직접 정원사를 초빙해 정원을 가꿀 정도로 자신의 궁전과 정원을 사랑했다. 베르사유 궁전에 화장실이 없는 이유도 실은 아름다운 궁전에 그 더럽고 혐오스러운 화장실을 둘 수 없다는 루이 14세의 고집 때문인 것으로 전해진다. 베르사유 정원은 오늘날에도 세계에서 가장 아름다운 정원으로 꼽히며, 조경 건축물의 수작으로 꼽힌다.

매너와 에티켓의 의미 구분

　우리는 흔히 매너와 에티켓을 따로 구분하지 않고 혼용하거나 그저 예의라는 의미 정도로 생각한다. 그러나 엄밀히 말해 에티켓을 마땅히 지켜야 할 규범이라고 한다면, 매너는 에티켓을 어떤 마음가짐으로 행동에 옮기느냐 하는 행동방식이라 할 수 있다. 가령 누군가를 만났을 때 인사를 하는 것은 에티켓이라 할 수 있으며, 그 인사를 건성으로 하는가 아니면 진정성을 가지고 정중하게 하는가 하는 것은 매너의 문제이다.

　에티켓은 자신이 속한 사회 내지는 국가에서 존중하고 준수해야 마땅하다고 정한 기준을 따르는 것과 관련된 행동규범이다. 반면 매너란 이렇게 정해진 규범을 어떻게 실행하느냐 하는 방법론적 문제와 관계가 깊다. 일례로 녹색 신호등이 켜지면 자동차 운전자가 바로 진행을 해야 원활하게 차량 흐름이 유지될 수 있다. 운전자가 신호 체계와 약속을 잘 지키는 것은 운전자라면 누구나 지켜야 할 에티켓에 속한다. 그러나 신호가 바뀌었음에도 횡단보도를 미처 건너지 못한 보행자가 있다면 어떻게 해야 할까? 경적을 울리거나 위협적으로 운전해야 할까? 아니면 보행자가 무사히 건너도록 기다려야 할까? 당연한 얘기지만 후자의 입장을 따르는 운전자를 매너 있는 운전자라고 부를 수 있을 것이다.

　이처럼 에티켓이 문화나 관습으로 굳어진 일종의 약속이라면 매너는 국경, 관습, 문화를 초월해 표출되는 개개인의 인격이라 할 수 있다. 따라서 에티켓의 관점에서 본다면 서로 다른 문화, 생활 방식과 구조 등에 대한 이해가 필요하다. 반면 매너는 에티켓의 기본 개념에 더해 배려와 존중이 필요하다. 예를 들면 우리나라를 포함한 세계 대부분 국가에서는 화장실을 이용할 때 노크를 하는 것이 에티켓에 속한다. 그러나 프랑스에서는 노크를 하지 않고 문을 여는 경우가 허다하다. 그것은 볼일을 보는 사람이 문을 잠그는 것이 당연하다고 생각하기 때문이다.

매너의 의의

매너는 상대방을 배려하는 마음이다

매너를 공부하는 이들 사이에 자주 회자되는 얘기가 있다. 영국의 엘리자베스 여왕이 인도의 귀족들과 만찬을 하는 자리에서의 일이다. 인도의 귀족들이 실수로 핑거볼에 담긴 물을 마시는 물로 착각해 마셔버리자 영국 귀족들은 속으로 웃음을 참으며 수군거리는 등 분위기가 어수선해졌다. 그러나 여왕은 아무런 내색도 하지 않고 핑거볼을 들고는 태연히 따라 마셨다고 한다. 매너는 이처럼 상대방이 설령 실수를 하거나 잘못을 저지르더라도 무안하지 않도록 배려해주고 편안하게 해주는 마음이다.

우리 주위에는 남의 잘못이나 실수를 콕콕 꼬집는 이들이 적지 않다. 그러나 얼굴에 검댕이 묻고, 잇새에 고춧가루가 끼었다고 해서 생명이 위험해지거나 지구가 멸망하지 않는다. 웬만하면 모르는 척하거나 꼭 지적하려면 상대방이 무안하지 않도록 완곡한 어법으로 슬며시 알려줄 필요가 있다. 넓게 본다면 문화 상대주의의 관점과, '나와 다름'을 너그럽게 감싸는 프랑스어 '똘레랑스(Tolérance)'의 의미도 매너의 또 다른 표현이라 할 수 있다.

매너는 상대방에 대한 존중의 표현이다

세계적인 생물학자인 리처드 도킨스는 《이기적 유전자》에서 지구상에 존재하는 모든 생물을 이기적 존재로 단정했다. 사람은 누구를 막론하고 자신이 속한

공동체에서 정당한 구성원으로 인정받고 싶어 하고, 동등한 권리를 가진 인격체로 존중받기를 원한다. 올바른 매너는 인간에 대한 이러한 통찰을 전제로 매사를 상대방 입장에서 이해하고 배려하려는 마음, 또 타인을 동등한 권리를 가진 인격체로서 존중한다는 관념에서 출발한다.

매너는 습관이다

"생각을 바꾸면 행동이 바뀌고 행동을 바꾸면 습관이 바뀌고, 습관을 바꾸면 성품이 바뀌고, 성품을 바꾸면 운명이 바뀐다"라는 말이 있다.

《로마인 이야기》의 저자인 시오노 나나미는 "매너는 습관이다"라고 주장한다. 이러한 말들은 매너의 본질을 함축적으로 설명한다. 습관을 모르면 매너를 논할 수 없다. 매너는 곧 습관이기 때문이다. 매너 있는 행동은 몸에 익어 자연스럽게 표출되는 것으로 결코 하루아침에 이루어지지 않는다.

좋은 습관을 들이려면 어릴 때부터 노력하여야 한다. 그렇다면 20~30년 동안 자신도 모르게 몸에 밴 나쁜 습관은 영원히 고칠 수 없을까? 그렇지 않다. 바꿀 수 있다. 다만 그것을 바꾸려면 모진 결단과 뼈를 깎는 노력이 필요하다.

습관의 변화는 의식적으로 꾸준히 훈련을 거듭하면 이룰 수 있다. 그러나 습관의 변화를 스스로 느끼는 상태라면 아직은 멀었다고 보아야 한다. 그것은 느끼지 못하는 가운데 저절로 우러나는 행동이라야 비로소 습관이 바뀌었다고 할 수 있기 때문이다.

미국 국회도서관에는 미국의 초대 대통령인 조지 워싱턴이 15세 때 육필로 베껴 쓴 〈점잖고 세련된 예법 110가지〉라는 노트가 보관되어 있다고 한다. 이 노트에는 "기침이나 재채기, 한숨이나 하품을 할 때에는 소리가 들리지 않도록 남몰래 해야 한다. 특히 하품을 하면서 말을 해서는 안 된다"와 같은 내용이

깨알같이 씌어 있다고 전한다. 어릴 때부터 갈고 닦은 이처럼 조신한 마음가짐, 또 매사를 삼가는 자세로 임하고 주변을 세심하게 배려하는 따뜻한 마음씨야말로 워싱턴의 진정한 저력이 아니었을까? 매너는 워싱턴으로 하여금 주위 사람들로부터 호감을 얻게 하고, 궁극적으로 대통령의 자리에 오르게 한 원동력인 것이다.

패 션

　언젠가 이화여대 의류직물학과에서 옷차림이 사람에게 미치는 효과에 대해 흥미로운 실험을 했다. 그 결과 '대학생다운 캐주얼한 옷차림'과 '로맨틱한 옷차림'을 한 여학생들에게는 많은 사람이 호감을 보이고, 기꺼이 호의를 베푼다는 사실이 확인되었다. 그러나 '남루한 옷차림'과 '천박한 옷차림'을 한 학생들에 대해서는 한결같이 꺼렸다.

　이 실험 결과를 보면 "사람은 옷 입은 대로 된다"는 나폴레옹의 주장이 얼마나 통찰력 있는 견해인지 충

분히 짐작할 수 있다. "옷이 날개다"라는 속담 역시 마찬가지이다. 사실 우리는 옷차림을 통해 전달되는 이미지가 개인에 대한 인상을 결정짓는 중요한 요소라는 사실을 경험적으로 너무나 잘 안다. 실제로 우리는 누군가를 처음 만났을 때 외모나 차림새로 그 사람을 평가하는 경우가 많다. 단정하고 깔끔하게 차려입은 사람을 보면 왠지 인품도 반듯할 것 같은 느낌이 들게 마련이다. 물론 그렇다고 무조건 비싼 옷이나 명품을 입는 것이 바람직하다는 의미는 아니다. 또 단순히 세련미만 강조해야 한다는 의미도 아니다. 그저 때와 장소, 그리고 상황에 맞는, 적절한 옷차림을 하려는 노력이 필요하다는 뜻이다. 이러한 노력을 전문가들은 '패션공학(fashion engineering)'이라 부른다. 분위기에 어울리는 옷차림을 하면 스스로 기분이 상쾌해질 뿐만 아니라 타인과의 만남에서도 긍정적인 인상을 주고, 신뢰감을 얻는 데도 도움을 준다.

남성 패션

**남성 패션의
기본 수칙**

- 정갈하게 입는다.

- 개인의 신상이나 소속을 나타내는 액세서리(반지나 벨트, 버클 등)는 모임의 성격과 만나는 상대방이 누구인가에 따라 착용 여부를 결정한다.

- 만나는 상대방의 수준에 맞는 옷차림을 하도록 한다. 상대방의 직위라든지 신분과 현격하게 차이가 나는 옷차림은 거부감을 불러일으킬 수도 있다.

- 과도한 스타일링 제품을 사용하여 빛이 날 정도로 치장한 머리모양이나 요란한 색상으로 염색한 머리, 눈에 띄는 반지나 목걸이 착용은 자칫 신뢰감을 떨어뜨릴 수 있다.

- T.P.O.(시간과 장소, 그리고 상황)[2]에 맞는 옷차림을 해야 한다.

2_ T(time): 시간, 때
P(place): 장소
O(occasion): 상황

지난 2003년 유시민 의원이 양복 대신 캐주얼 차림으로 국회에 등원해 선서를 하려다 거부당한 일이 있다. 또 예술인 낸시 랭은 파격적인 주황색 옷차림으로 장례식장을 찾아 조문을 하려다 비난을 면치 못한 일이 있다. 이러한 일화들은 상황과 분위기에 어울리는 옷차림이 얼마나 중요한가를 잘 보여준다.

남성과 정장

드레스 셔츠(와이셔츠)

- '와이셔츠'는 본래 '드레스 셔츠'가 올바른 명칭이다.[3] 공식적인 자리에서는 계절과 관계없이 긴 소매의 화이트 드레스 셔츠를 착용하는 것이 원칙이다. 반소매 셔츠는 캐주얼한 인상을 준다.

- 드레스 셔츠 안에 러닝셔츠를 받쳐 입는 것은 공식적인 자리에서는 에티켓에 반하는 행동으로 간주된다.

3_ 화이트 셔츠의 일본식 발음이 와전되어 와이셔츠란 표현이 생겨났다고 한다.

서양에서는 흔히 드레스 셔츠를 슈트 속에 받쳐 입는 속옷으로 간주하기 때문이다. 우리가 흔히 속옷으로 착용하는 러닝셔츠를 서양에서는 운동할 때 입는 셔츠로 생각한다. 러닝셔츠를 부득이 착용하는 경우엔 민소매보다는 반소매 무지 러닝셔츠를 갖추어 입도록 한다.

- 드레스 셔츠는 착용했을 때 속살이 비치지 않도록 불투명한 재질의 셔츠를 선택한다.

- 셔츠의 깃은 슈트의 깃에서 1~1.5센티미터 정도 밖으로 나오는 것이 보기 좋다. 이는 본래 슈트의 깃이 더러워지는 것을 방지하기 위해 시작되어 에티켓으로 정착되었다.

- 셔츠의 소매는 기립자세에서 양복 소매로부터 1~1.5센티미터 정도 밖으로 드러나는 길이가 적당하다.

- 셔츠는 흰색을 기본으로 하되, 슈트의 색상과 어울리는, 지나치게 화려하지 않은 색을 선택하도록 한

다. 만약 슈트가 체크무늬나 화려한 색상이면 셔츠
는 단순한 색을 선택하는 것이 센스 있는 코디 방법
이다.

• 공식적인 자리나 사무적인 자리에서는 아무리 더워
도 셔츠 차림은 피한다.

타 이

넥타이는 예로부터 방한 혹은 땀을 빨아들이고 햇
빛을 가릴 목적으로 목에 두르고 다닌 천에서 유래한
것으로 알려진다. 이것이 오늘날과 같은 넥타이의 형
태로 바뀌고, 패션의 일부로 정착한 것은 프랑스의 태
양왕 루이 14세 때의 일이다. 당시 '크라바트(cravate)'
라 불리던 프랑스의 한 부대 병사들이 하얀색 천을 목
에 둘렀다고 전해진다. 그런데 당시 멋 부리기를 좋아
하던 귀족과 장교들은 이 하얀색 띠에서 영감을 얻었
고, 호사스런 에이스나 모슬린 소재의 천 조각으로 넓
게 매듭을 지어 목에 두르기 시작했다. 이때부터 멋을

아는 남성이라면 으레 넥타이를 매야 외출할 수 있다는 인식이 자리 잡기 시작했으며, 넥타이가 신체 보호가 아닌 귀족 사회의 에티켓이 되었다. 넥타이는 오늘날에도 프랑스에서는 크라바트(cravate)라 불린다.

- 타이는 슈트와 드레스 셔츠의 색상과 재질을 고려해 고른다. 기본적으로는 보색이나 언밸런스를 원칙으로 생각하면 틀림없다. 즉 무늬가 있거나 화려한 슈트와 셔츠에는 잔잔한 무늬나 단색 계열의 타이를 선택하는 것이 좋다. 셔츠의 무늬와 타이의 무늬를 의도적으로 통일시키는 이들도 있는데, 이는 그다지 바람직한 것은 아니다.
- 남성 정장은 디자인의 변화가 적어 개성을 표현할 수 있는 폭이 극히 제한되어 있다. 따라서 타이로 자신의 개성과 매력을 발산할 수 있다고 해도 과언이 아니다. 타이의 색상으로 자신의 이미지를 완전히 변화시키는 사례는 부지기수이다.

정치인들의 옷차림을 유심히 살펴보면 상황에 따라 타이의 색상 선택이 달라지는 경우를 흔히 발견할 수 있다. 일반적으로 선거가 있는 시기에 후보들은 붉은색 타이를 선호하는 경향이 있다. 붉은색은 강렬할뿐더러 의지, 능력, 힘을 상징하는 색이기 때문이다. 따라서 자신을 강하게 어필할 필요가 있다고 느낀 날에는 과감하게 붉은색 계통의 타이를 하는 것도 도움이 될 것이다. 그러나 모 의원처럼 자신의 얼굴색이나 슈트의 색상을 전혀 고려하지 않고 주야장천 빨간색 타이를 선택하는 것은 매우 어색하다.

- 타이는 유행에 따라 길이나 폭이 변하기는 하지만 일반적으로 벨트에 닿거나 벨트보다 2~3센티미터 정도 내려오는 길이가 적당하다. 서츠나 슈트와 같은 톤의 넥타이를 매면 키가 커 보이는 효과가 있다.

- 조끼를 입을 때는 넥타이가 조끼의 밑으로 빠져나오지 않도록 길이를 조정한다.

- 식사를 할 때 간혹 음식이 묻지 않도록 드레스 셔츠의 주머니에 넥타이를 구겨 넣고 식사를 하는 사람

들이 있다. 세상에 이것만큼 볼썽사나운 모습도 드
물다. 술자리에서 넥타이로 인디언처럼 이마를 질
끈 동여매는 일도 꼴불견이므로 주의한다.

바 지

- 바지 주름은 늘 한 줄로 잘 세우고 구김이 없는 모
  습이 단정해 보인다.
- 바지의 길이는 구두 굽에 가볍게 닿을락말락한 정
  도로 한다.
- 바지는 슈트의 색과 조화를 이루도록 한다. 그리고
  여름처럼 옷이 얇아지는 계절엔 특히 속옷이 비치
  지 않는 질감과 색상을 선택하도록 한다.
- 주머니에 지갑이나 열쇠, 휴대 전화 등을 넣어 불룩
  해지지 않도록 한다. 미관상 좋지 않을 뿐 아니라
  옷 전체의 실루엣을 망가뜨린다. 열쇠고리를 바지
  의 벨트 걸이에 매다는 모습도 천박해 보이므로 피
  하도록 한다.

벨 트

- 지나치게 요란한 장식이나 광택이 나는 벨트는 삼
  간다.
- 구두의 소재, 색상과 조화를 이루는 벨트를 선택한
  다. 짙은 갈색이나 검은색 벨트가 가장 무난하다.
- 서스펜더(suspender, 멜빵)와 벨트를 동시에 착용하
  지 않도록 한다. 이것은 마치 러닝셔츠나 양말을 두
  개 겹쳐 입는 것이나 진배없다.

양 말

- 최근 패션 양말이 등장하면서 양말을 생략하거나
  발목 부분이 없는 양말을 선호하는 남성들이 늘어
  나는 추세이다. 실제로 가수 김장훈은 맨발애호가
  로, 신문지를 구두 깔창으로 애용한다고 밝힌 바 있
  고, 〈꽃보다 남자〉라는 드라마에 등장하는 꽃미남
  들은 턱시도에 발목 없는 양말을 착용한 모습을 선
  보인 바 있다.

맨발이나 목 없는 양말은 서 있는 경우라면 그나마 바지에 가려져 보이지 않는다. 그러나 의자에 앉으면 발목의 맨살과 털이 다 보여 보기에도 흉할뿐더러 패션의 기본원칙에도 어긋나므로 주의한다.

- 혹 신발을 벗어야 하는 경우가 예상된다면 발가락 양말도 웬만하면 피하는 것이 바람직하다. 점잖은 자리에서 발가락양말을 신고 발가락을 꼼지락거리는 모습을 보면 정이 떨어진다고 하소연하는 사람이 의외로 많다.

- 양말은 발목의 길이가 길고, 바지 혹은 구두와 같은 계열의 색상을 선택하도록 한다. 패션전문가들은 될 수 있으면 구두의 색상과 맞추는 것이 더욱 세련된 이미지를 준다고 제안한다.

- 정장 양말은 기본적으로 검은색이 가장 무난하다. 어떤 경우에도 흰색 면양말은 피해야 한다. 색상을 선택할 때는 바지-양말-구두의 순서로 짙은 것을 고르는 것도 안정감을 주는 방법이다.

구 두

- 개성이 넘치는 로퍼(단화)를 신고 거리를 활보하는 남성의 모습은 매력적으로 보인다. 그러나 정장 차림에 캐주얼화는 어울리지 않는다. 정장을 착용할 때에는 구두도 정장용 구두를 선택하도록 한다. 기본적인 정장 구두는 윙 팁 슈즈(wing-tip shoes)라 불리는, 끈으로 조이는 옥스퍼드 구두이다.

- 패션은 구두에서 완성된다는 말이 있다. 항상 잘 닦아 정갈하게 신는 것이 중요하다. 뒤축이 지나치게 닳아 있진 않은지 늘 신경 쓰도록 한다. 낡은 신발은 검소하다는 인상을 주기보다는 깔끔하지 못하다는 인상을 주기 십상이다.

여성 패션

**여성 패션의
기본 수칙**

- T.P.O.에 맞는 옷차림을 한다.

여성의 옷차림은 남성보다 매우 다양한 편이며, 그 다양성을 활용해 자신의 개성을 한껏 연출할 수 있다. 그러나 옷차림은 때와 장소, 그리고 상황에 잘 맞춰야 한다. 즉 일할 때의 복장과 파티 때의 복장은 당연히 달라야 한다. 공적인 자리에서라면 신뢰감을 얻을 수 있는 단정한 복장이 유리하고, 사교적인 모임에서는 분위기를 압도할 수 있는 과감한 복장을 시도해 보는 것도 좋다.

- 마이너스 법칙, 즉 초자극 제한의 원칙을 기억해야 한다.

여성은 복장을 갖출 때 남성보다 액세서리에 훨씬 중점을 두게 마련이다. 더러는 명품이나 값비싼 장신

구가 패션의 완성도를 높인다는 그릇된 신념으로 요
란한 장신구를 착용하거나, 핸드백, 구두 등을 풀세트
로 갖춰 마치 걸어 다니는 액세서리상의 분위기를 연
출한다. 그러나 과유불급이라고 장신구가 지나치면
오히려 역효과를 불러일으킬 수 있다. 화려한 액세서
리를 온몸에 휘감기보다는 오히려 그날의 주제를 정
해 정갈하게 꾸미거나 한 가지에 포인트를 주어 자신
의 개성을 살리고 이미지를 돋보이게 하는 것이 중요
하다.

여성과 정장

일반적으로 커리어우먼에겐 여성성이
배제된 옷차림이 유리하다고 한다. 반대로 하위직의
여성이나 서비스 부문 종사자는 여성성이 강조된 로
맨틱한 옷차림이 바람직하다. 여성성이 배제된 옷차
림으로 성공한 대표적인 인물이라면 힐러리 클린턴을
꼽을 수 있고, 그 반대의 경우라면 '강효리'라는 애칭으로 불리던 강금실 전 법무장관을 꼽을 수 있다.

여성의 경우 비즈니스, 면접 등 공식적인 자리에서
는 원피스보다는 투피스(재킷과 스커트 또는 바지) 정장
을 선택하는 것이 기본이다.

스커트

- 지나치게 길이가 길거나 폭이 넓은 스커트는 정장
  용으로 적당하지 않다.
- 스커트가 일반적인 정장의 기본구성이지만, 정장
  느낌의 차분한 바지도 에티켓에 어긋나지 않는다.
- 스커트의 길이도 물론 유행에 따라 변하는 것이지
  만, 무릎 바로 아래 정도의 길이가 가장 무난하다.
- 여성스러움을 지나치게 강조한 긴 스커트, 앞이나
  옆이 너무 터진 아오자이풍의 선정적인 스커트, 레
  이스가 지나치게 많이 달린 옷, 속이 비치거나 몸매
  가 두드러지게 드러나는 옷은 정장용 복장으로 적
  당치 않다.

구 두

우리나라 직장 여성들은 출근하면 대개 편안한 슬리퍼나 실내화로 갈아 신는다. 그러나 서양 여성들은 출근길이나 평상시에는 굽이 낮고 활동하기 편한 워킹슈즈를 신지만, 사내에서는 정장용 구두로 갈아 신는다. 이러한 현상은 기본적으로 문화의 차이에서 비롯된 것이긴 하지만, 매너전문가의 입장에서 본다면 후자가 자연스럽다는 판단이다.

교무실이나 관공서에서 양복(양장)에 슬리퍼 차림으로 근무하는 공무원이나 선생님의 모습을 보면 어색하기 짝이 없다. 다소 불편하더라도 격식을 갖추려는 자세, 원칙을 지키려는 마음가짐과 노력이 필요하다.

구두의 높이는 심리적 긴장감과 비례한다는 말이 있다. 굽이 적당해야 능률적이며 적극적으로 근무에 임할 수 있음은 물론이다.

• '킬힐(kill heel)'[4]이 유행인 요즘 굽 높은 하이힐을

신고 온종일 업무를 보는 것은 무리일 것이다. 그러나 직장인이라면 적당한 굽의 정장용 구두를 신는 것이 원칙이다. 힐을 신는 것이 힘들다면 적어도 정장 차림에 어색하지 않은, 굽 높이 3센티미터 정도의 구두를 장만하는 것도 방법일 것이다.

4_ 구두의 굽 높이가 10cm가 넘어 까치발을 해야 신을 수 있는 '극단적인' 높이의 힐

- 실내에서는 구두를 질질 끌거나 굽 소리를 요란하게 내지 않도록 주의한다.
- 남성과 마찬가지로 구두는 항상 정갈하게 관리한다.

핸드백

영화제에 참석하는 연예인들은 속이 빈 핸드백을 지참하는 예도 적지 않다. 그것은 핸드백을 패션의 일부로 생각하거나 패션의 완성으로 여기기 때문이다. 핸드백은 기본적으로 옷차림과 상황을 고려해 선택해야 한다. 지나치게 명품을 고집하거나, 하다못해 명품 짝퉁가방을 들고 거리를 활보하는 일은 사라져야 마

땅하다.

- 핸드백은 여성의 필수품으로, 기능적인 역할을 하기도 하지만 동시에 패션의 일부로 옷차림을 더욱 돋보이게 하는 역할을 한다. 따라서 항상 깨끗하게 관리해야 하며, 코디에 신경을 써야 한다.
- 핸드백은 항상 깔끔하게 정리, 정돈되어 있어야 한다. 핸드백 내부가 엉망으로 흐트러져 있으면 사람이 데데하고 조심성이 없다는 인상을 준다. 휴대전화를 찾기 위해 핸드백을 뒤집어 잡다한 물건을 아무렇게나 쏟아내는 모습이라든지 화장품과 화장도구가 뒤죽박죽 섞여 있는 모습은 전혀 아름답지 않다.
- 친구들끼리 격식 없이 저녁 식사할 때를 제외하면 여성들은 핸드백을 항상 자신의 곁에 분신처럼 간직하게 마련이다.

식당에서는 핸드백을 등과 의자 사이에 두는 것이 좋다. 혹 등받이에 구멍이 뚫려 있는 경우라면 의자

밑에 둔다. S자형의 백행어(bag hanger)를 하나쯤 준비해 다니는 것도 센스 있는 행동이다. 어떤 경우에도 핸드백을 식탁 위에 올려두지 않도록 한다.

액세서리

서양의 전통적인 귀족들은 머리에서 발끝까지 걸치는 모든 의상과 장식에 대해 그 조화까지도 신경을 썼다. 즉 가급적이면 천박하게 보이지 않으려 남성들은 반드시 모자를 쓰고, 어두운 색상의 타이를 맸다. 또 여성들은 모자를 쓰고 장갑을 끼고, 드레스에 어울리는 구두와 핸드백을 들었다. 오늘날에는 '샤넬 넘버 5'라는 향수로 더욱 유명한, 샤넬의 창시자인 코코 샤넬도 처음엔 모자 디자인 제작자로 출발했다는 사실은 완벽한 복식에 대한 서양의 이러한 분위기를 잘 보여준다.

르누아르의 작품에 등장하는 남성과 여성의 모습을

연상하면 패션의 완성과 액세서리의 역할 등에 대해 쉽게 이해될 것이다.

그러나 오늘날 액세서리에 관한 인식은 동서양을 막론하고 바뀌고 있다. 즉 액세서리를 더 이상 신분을 나타내는 상징물이 아니라 자신의 이미지를 돋보이게 하는 보조적 도구로 인식하는 것이다. 액세서리를 착용할 때는 자신의 장점을 살리고 단점을 보완한다는 원칙을 지켜야 한다. 그리고 옷차림의 전체적인 조화와 개성미의 연출에도 신경을 써야 한다.

장 갑

과거에는 장갑이 멋스러움을 연출하는 용도로서 신사와 숙녀들의 필수품이었다. 그러나 지금은 방한과 스포츠, 그리고 운전할 때 손을 보호해 주는 역할 등으로 그 기능이 다양해졌다.

• 의례적인 상황에서 착용하는 장갑은 사슴 가죽이나

실크 재질이 기본이다. 면장갑이라면 고급스러운 걸 선택해야 하고, 그것을 구할 수 없다면 차라리 맨손이 낫다.

- 결혼식장 등에서 신랑이나 신부의 부모가 한복을 착용하고 흰색 면장갑을 끼는 것은 어울리지 않는다. 차라리 맨손이 자연스럽다.

- 남성이라면 악수할 때 반드시 장갑을 벗어야 한다. 그러나 여성은 벗지 않아도 그다지 실례가 되지 않는다.

지난 대선 때 한나라당 당내 경선에서는 이명박 후보와 박근혜 후보가 경쟁을 펼쳤다. 경선이 끝나고 두 후보가 악수를 하는 자리에서 박근혜 후보는 앉은 상태로 이명박 후보에게 손을 내밀었다고 전해진다. 이 사실을 두고 당시 이명박 후보 캠프의 일부 인사들은 분통을 터뜨리는 등 난리였다는 소문이다. 그러나 그것은 정말로 무지한 처사이다. 왜냐하면 여성들은 앉은 상태 그대로 손을 내밀어도 그다지 큰 결례가 아니기 때문이다.

• 여성도 살롱에 입장한 경우나 칵테일파티, 식사 중
  엔 장갑을 벗어야 한다. 그러나 무도회라면 설령 실
  내에서 열리는 파티라 하더라도 장갑을 벗지 않아
  도 무방하다.

모 자

오늘날 모자는 패션이나 스포츠의 보조 수단, 또는
방한, 방서, 방광의 목적으로 다양하게 사용되고 있
다. 그러나 과거에 모자는 동서양을 막론하고 사회적
인 신분이나 계급의 상징으로 사용되었다. 실제로 서
양은 말할 것도 없고 우리나라도 모자가 예로부터 신
분의 상징으로 쓰였다는 사실은 누구나 아는 일이다.
좀 다른 얘기이긴 하지만 오늘날에도 특급호텔의 조
리사는 직위가 높을수록 모자의 높이가 높아지는데,
특히 주방장인 '셰프(chef)'의 모자 높이는 하늘을 찌
른다. 아무튼 오늘날에는 이러한 의미가 거의 사라지
거나 퇴색하긴 했지만, 아직도 모자는 격식과 예의를

표현하는 수단으로 여겨진다.

여 성

• 여성의 모자 착용은 정장의 한 부분으로 간주되기
때문에 특별한 경우를 제외하고는 모자를 벗지 않
아도 실례가 되지 않는다.

• 회의나 만찬 석상, 또 여성이 손님을 초대한 주빈이
나 주인공(hostess)일 경우에는 반드시 모자를 벗어
야 한다.

• 영화관이나 공연장과 같이 대중이 이용하는 공간에
서는 타인의 시야를 가릴 우려가 있으므로 모자를
벗도록 한다.

남 성

• 할리우드 영화를 보면 멋들어진 중절모를 쓴 남성
들이 여성 앞에서나 혹은 길거리에서 누군가를 만
나면 모자를 살짝 들어 올리는 시늉을 한다. 이는

발생계통학적으로 보면 자신을 낮추려는 복종행동의 하나로, 멋을 부리기 위한 것이 아니라 에티켓을 지키기 위한 행동이다. 여성은 그럴 필요가 없지만 남성은 상황에 따라 반드시 모자를 벗어야 한다. 모자를 벗어야 할 경우를 예시하면 다음과 같다.

실내에 들어가거나 잠시 머물러야 할 때 / 길거리에서 여성을 만나 이야기를 나눌 때 / 실외에서 누군가를 소개받을 때 / 길거리에서 지인을 만났을 때 / 작별인사를 할 때 / 연장자나 지위가 높은 이를 만났을 때 / 여성을 동반한 친구를 만났을 때 /

• 아파트나 호텔 엘리베이터에서 여성이 탄 경우에도 모자를 벗는 것이 예의이다. 이는 엘리베이터를 객실(혹은 자신의 집)의 연장으로 보기 때문이다(단, 공공건물의 엘리베이터에서는 벗지 않아도 무방하다).

향 수

냄새는 인간의 오감 중 가장 원초적인 감각이라고 한다. 향수는 클레오파트라,[5] 양귀비 등 동서양의 이름난 미인들이 이성을 유혹하는 수단으로 사용했다고 한다. '러브 포션 넘버나인(Love potion no.9)'이라는 팝송도 짝사랑하는 여인을 유혹하기 위한 작업용 향수의 제조라는 꿈같은 얘기를 주제로 하는 노래이다. 향수는 이성과의 관계를 전제로 하는 화장품인 동시에 자신만의 이미지를 연출하기 위한 도구이다.

5_ 그녀는 향료를 광적으로 사용한 것으로 알려진다. 특히 건조시킨 아이리스, 몰약, 육계 등을 포도주에 넣어 자신만의 고유한 향인 '키피(Kyphi)'를 만들어 사용하였다는 기록이 있다. 자신의 유람선 돛대를 수많은 장미로 장식해 바다 저 멀리서도 그 향기를 맡을 수 있도록 했다는 이야기도 전해진다.

• 향수는 원액의 농도에 따라 다음과 같이 분류한다.

① 오 드 코롱(eau de colonge) : 원액의 함량이 가장 낮은 향수로, 향기의 지속 시간은 1~2시간 정도로 부

담 없이 이용할 수 있다.

② 오 드 뚜왈렛뜨(eau de toilette) : 부드러운 향을 선호하거나 처음 향수를 사용하는 사람에게 적합하다. 이름만 보고 화장실용 방취제나 방향제로 착각하는 이들이 많은데, 비교적 품질이 뛰어난 향수이다. 발향시간은 2~5시간 정도이다.

③ 오 드 파르팽(eau de parfum) : 원액의 함량이 높은 향수로, 가장 많이 애용하는 향수이다. 향은 5~7시간 정도 지속된다.

④ 파르팽(parfum), 퍼퓸(perfume) : 일반적으로 향수 중에서 농도가 가장 짙은 향수이기 때문에 일반인들이 사용하기엔 그리 적합하지 않다. 향의 지속 시간은 대략 10시간 이상 된다.

• 향수의 선택은 상황과 취향에 따라 달라져야 하며 온도에 따라 향의 느낌이 달라지기 때문에 계절에 따라 종류를 바꿔 주는 것이 좋다. 여름은 시트러스 코롱 타입이, 겨울에는 훈훈한 느낌이 드는 플로리

엔탈이나 시프레 타입이 적당하다.

- 직장이나 실내에서는 주위 사람들에게 피해가 가지 않도록 가벼운 향을 지닌 향수를 사용하는 것이 에티켓이다.

- 식사 약속이 있을 때는 2~3시간 전, 공연을 관람할 때는 공연 시작 1시간 전에 뿌리는 것이 바람직하다.

특히 식사 모임에서는 지나치게 강한 향을 지닌 향수는 피하는 것이 좋다. 식사나 파티에서 지나치게 향이 강한 향수를 뿌리면 와인이나 음식의 향을 느낄 수 없을 뿐만 아니라 다른 사람에게 방해될 수 있다. 초밥과 같이 섬세한 음식을 먹을 때는 심지어 로션의 선택도 신중을 기해야 한다.

다니엘 헤니가 한 CF에서 "초밥 집에 갈 때는 향수를 뿌리지 않는 것이 매너다"라고 강조하는 것도 그 때문이다.

- 향수를 구입할 때는 코에 직접 대고 향을 맡는 방식

으로 선택하지 않아야 한다. 향수의 알코올 성분은 순간적으로 향을 사라지게 하기 때문에 본래의 향을 느낄 수 없다.

좋은 향수는 20~30분 뒤부터 향의 진가를 발휘한다. 따라서 향수 테스트지에 소량을 분사하고 나서 알코올성분이 사라지기를 기다렸다가 향을 확인하는 것이 바람직하다.

• 자신의 분위기나 체취에 적합한 자신만의 향을 선택하는 것이 중요하다. 향수는 자신의 몸에서 나는 냄새를 감추어 주는 것이라기보다는 자신만의 향으로 자신의 이미지를 효과적으로 심어주는 것으로 보아야 한다.

인 사

　인사란 상대방의 안부를 묻거나 공경, 친애, 우정의 의미를 담고 있다. 인사는 '人事'라는 한자가 말해주듯 원만한 인간관계를 유지해나가기 위해 사람들 사이에서 당연히 행해져야 하는 아름다운 행위이다. "시작이 좋아야 끝이 좋다"라는 옛말도 있지만 첫 만남에서 진정성으로 건네는 인사가 상대방에게 호감을 주고 좋은 결과를 가져오는 경우를 우리는 왕왕 경험한다. 반대로 건성으로 건네는 예의에 어긋난 인사 때문에 낭패를 보는 경우도 적지 않다. 인사는 서로의 마음을 열어주어 즐겁고 명랑한 사회생활과 원만한 대인관계를 유지해 주는 비방임을 명심해야 한다. 인사는 발생계통학적으로 보면 비명에서 비롯되었다는 것이 정설이다. 비명은 복종행동의 일환이며, 누군가의 복종행동을 보면 마음속에서 공격심이나 경계심이 완화되게 마련이다. 인사의 본질과 효능을 이보다 확실히 설명하는 이론은 없다.

🔷 동서양의 인사문화

동양의 인사문화:
수직적 방식　　우리나라를 비롯한 동양의 여러 나라에서는 상체를 굽혀 몸을 낮추는, 절과 같은 방식의 인사가 보편적이다. 이는 예로부터 농경생활을 영위해 온 오랜 생활 습성에서 비롯된 것이다. 농경 문화권에서는 대체로 서열과 권위를 중시하는 경향이 강하며, 이러한 의식이 수직적 인사법을 낳았다. 동양에

서는 몸을 굽히는 정도에 따라 신분상의 상하 관계를 암시하기도 하며, 공경과 공손함의 정도를 가늠하기도 한다.

서양의 인사문화: 수평적 방식

유목과 수렵 생활을 해 온 서구인들은 주로 악수, 포옹, '비즈(bise)'라 불리는 볼 인사 등, 수평적 관계를 중시하는 인사형태를 발전시켜 왔다. 신체적 접촉을 수반하는 서양의 인사법은 동양의 그것과는 달리 상대방과의 결속이라는 의미가 강하며, 친근함과 반가움을 강하게 표출하는 것이 특징이다.

◆◆ 동서양 인사 비교

동 양	서 양
수직적 인사	수평적 인사
공경이 기본	친근감이 기본
공손함 강조	반가움 강조

올바른 인사법

"어떠한 경우라도 인사는 부족하기보다 지나칠 정도로 많이 하는 편이 좋다." 대문호 톨스토이의 말이다.

인사는 상대를 가리지 않고, 누구에게나 해야 한다. 또 인사는 먼저 보는 사람이 먼저 해야 한다. 하루에 몇 번을 마주치더라도 밝은 표정으로 눈인사나 목례를 건네 보라. 인사보다 더 효과적으로 상대에게 좋은 이미지를 전달하는 방법은 없다.

언젠가 요구르트 판매 왕에게 성공 비결이 무엇인지 물었다. 그러자 판매왕은 자신의 판매구역인 시장에서 만나는 모든 사람에게 큰 소리로 인사를 했고 3개월쯤 지나자 시장의 모든 사람이 저절로 친구가 되었다고 대답했다. 판매왕은 자신의 입으로 요구르트를 사달라는 말을 단 한 마디도 하지 않고 판매 왕이 되었다.

인사를 잘하는 것도 중요하지만 시간, 상황, 장소에 맞는 인사가 무엇보다 중요하다. 동물들은 교미를 하거나 먹이를 먹을 때, 배변을 할 때, 목욕을 할 때 포식자의 공격이 이루어진다는 사실을 본능적으로 안다. 사슴이 물을 마실 때 유난히 주위를 경계하는 이유도 그 때문이며, 개들이 뼈다귀를 발견하면 구석으로 도망가는 것도 그 때문이다. 사람도 마찬가지이다. 누군가가 화장실이나 공중목욕탕, 또는 식사를 하거나 개인적인 일을 할 때 큰소리로 말을 걸거나 아는 체를 하면 당황한다. 화장실에서 윗사람을 만났다고 해서, 목욕탕에서 아는 사람을 만났다고 해서 굳이 다가가 인사를 할 필요까지는 없다. 눈이 마주쳤다면 가벼운 목례로 대신한다.

인사는 상대에 따라, 그리고 T.P.O.에 따라 형식을 제대로 갖추어 하는 센스가 필요하다. 상황에 어긋나는 무성의한 인사로 말미암아 인격과 품위가 손상되는 경우를 자주 본다. 상황에 맞는 적절한 인사야말로 성공의 첫걸음이다.

상황별 인사법

계단에서

계단을 올라오는 연장자를 만나면 연장자가 같은 높이로 올라올 때까지 옆으로 비켜서서 기다린다. 연장자가 비슷한 위치로 올라오면 인사를 한다. 상대가 내려올 때에도 자신보다 2~3단 정도 높은 위치에 올 때까지 옆으로 비켜서서 기다렸다 인사한다.

걸어가다

아무리 바쁘다 하더라도 잠시 멈추고 인사를 한 다음 상대방이 지나가고 나서 움직이는 것이 좋다. 인사를 하는 데 걸리는 시간은 불과 5초 남짓에 불과하다. 5초의 시간을 아끼려고 걸어가면서 인사를 하면 버릇이 없고, 무성의하다는 인상을 주기 십상이다.

작업 중일 때

작업 중이라면 굳이 인사를 하지 않아도 된다. 안전이 무엇보다 중요하기 때문이다. 그러나 인사할 정도의 여유가 있다면 상황에 맞게 가볍게 목례를 한다.

앉아 있을 때

기본적으로 일어나 자세를 갖추고 인사를 해야 한다. 그러나 전화를 받거나, 대화를 나누는 중이라면 가벼운 목례로 대신해도 무방하다.

인사의 자세와 태도

인사하는 모습 하나만 보아도 그 사람의 인격과 품위를 어느 정도 파악할 수 있다. 진심과 정성이 담긴, 친절하고 기품 있는 인사를 할 줄 아는 사람이 성공할 가능성은 그렇지 못한 사람보다 훨씬 높다.

오늘날과 같이 바쁘게 돌아가는 사회에서는 모든 사람을 깊이 있게 알 기회가 적다. 따라서 스쳐 지나면서 몇 번 주고받은 인사나 첫인상만으로 한 인간의 됨됨이를 판단하는 경우가 많다는 사실에 주목해야 한다.

- 인사는 허리를 숙이는 각도에 따라 목례, 보통례, 그리고 정중례로 구분하지만, 되도록 허리를 깊숙이 숙이는 보통례나 정중례의 인사를 습관화하도록 노력하는 것이 좋다.
- 인사를 할 때 남녀 모두 양손을 포개어 아랫배 위에

가볍게 올려두는 것이 기본예법이지만, 남자는 손을 펴서 엄지손가락으로 감싸 바지 재봉 선에 대어도 무방하다.

- 상체를 숙여 인사를 하는 상태에서는 몸을 숙인 채 고개를 들어 상대방의 눈을 올려다보지 않도록 한다. 인사를 하고 상체를 들어 올리고 똑바로 선 자세에서 상대방을 보며 인사말을 한다.

- 상대방과 시선을 맞추고, 정감이 넘치는 미소 가득한 표정으로 인사말을 전한다.

"어떠한 메시지를 상대방에게 전달하려고 할 때 메시지의 55퍼센트를 차지하는 것은 그 사람의 태도이다. 그중에서 눈빛은 절반 이상인 35퍼센트에 달한다." 미국의 심리학자 와커슨의 말이다. 이는 인사나 대화를 할 때 아이 콘택트(eye contact), 즉 상대방과의 눈 맞춤이 얼마나 중요한지를 잘 말해 주고 있다.

- 자신만의 개성이 넘치는 다양한 인사말, 즉 레인보

우 인사말을 개발해보자. 적절한 인사말과 함께 하는 인사는 훨씬 정감 있는 느낌을 전달할 수 있다. 아무리 인사를 잘하는 사람이라도 매일매일 똑같은 인사말을 건넨다면 받는 사람도 식상하게 마련이다. 자칫 인사 본래의 가치와 의미를 상실할 수도 있다.

꼭 직장인이 아니더라도 월요일부터 일요일까지 하루에 한 가지씩 자신만의 레인보우 인사말을 만들어 전하는 센스를 발휘하면 어떨까? 매일 만나는 상대라도 오늘은 또 어떤 인사말을 듣게 될까 하는 기분 좋은 기대감을 지니고 어느새 자신과의 만남을 은근히 기다리지 않을까?

다양한 인사의 예

안녕하세요?

　　- 포미닛의 '핫이슈' 들어보셨어요? 참 신나는 노래더라고요. 근사한 아침입니다!

- 오늘, 참 덥죠? 주말은 잘 보내셨구요?

- 옷차림에 화창한 봄날이 내려앉았네요!

- 넥타이 색깔이 환상입니다. 정말 센스가 있으
  시네요!

안녕히 계세요.

- 화려한 주말 보내세요!

- 내일 옷차림이 기대되네요. 내일 뵙겠습니다!

- 환상적인 저녁시간 보내세요!~

세계의 독특한 인사

• 프랑스, 스페인, 이탈리아, 포르투갈: 일상생활에서
안면이 있는 사람과는 입맞춤이나 볼 인사를 나눈다.

• 태국: 두 손을 모아 합장을 하는, '와이(Wai)'라고
불리는 전통 인사를 하며, 감사와 존경의 의미도 담
고 있다.

- 인도: 태국의 '와이'와 마찬가지로 두 손을 합장하면서 "나마스테(Namaste)"라고 인사한다. 이는 산스크리트어로 "당신 앞에 절합니다"라는 뜻이다.

- 중남미(멕시코, 아르헨티나, 콜롬비아): "아브라조(Abrazo)"라고 말하며 서로 껴안고 키스를 한 후 친근감의 표시로 어깨를 몇 차례 두드린다.

- 마사이 부족: 아프리카 탄자니아의 마사이 부족들은 존경과 친근함의 표시로 얼굴에 침을 뱉는다. 갓 태어난 아기에게도 축복과 행운의 의미로 침을 뱉고, 상거래 시 상호 간의 흥정을 위해서도 다 같이 침을 뱉는다.

- 마오리족: 뉴질랜드 북부의 한 섬에 있는 로토루아 마오리족들은 반가운 사람을 만나면 코를 두 번씩 비비는, '홍기(Nasensgruss)'라고 불리는 인사를 한다.

- 티베트: 자신의 귀를 잡아당기면서 혓바닥을 길게 내밀어 인사를 한다.

악 수

　악수는 서양의 대표적인 인사법이지만, 오늘날에는 전 세계적으로 널리 사용되는 가장 보편적인 인사법이다.

악수의 유래

　원시시대 인간의 손은 힘과 능력의 상징이었다. 적과 싸우거나 먹잇감을 죽일 때, 또 무기와 도구를 만들 때 손은 결정적인 역할을 했다. 침팬지들이 복종의 몸짓으로 손을 내미는 것도 필시 그 때문일 것이다.

영국의 동물학자 데즈먼드 모리스는 악수의 기원을 강자에게 손을 내미는 침팬지의 행동과 관련이 있다고 주장한다.

악수의 유래들은 대개 이러한 이론의 연장선상에서 등장하였다 해도 지나친 말이 아니다. 악수를 앵글로색슨 민족들이 자연 발생적으로 나누던 인사방식으로 전제하고, 남자가 격투하고 싶지 않은 상대를 만났을 때 우호적 관계를 맺고 싶다는 뜻으로 무기를 버리고 오른손을 내민 데서 비롯되었다는 설명이 그것이다.

옛 아라비아인들은 윗사람 손에 입맞춤하며 존경의 뜻을 표시하는 것이 관례였다고 한다. 훗날 아라비아인들은 "나는 그대의 윗사람이 아니외다! 그대가 내 손에 키스하는 것이 아니라 내가 그대의 손에 키스하는 것이 당연하오"라며 겸손한 마음으로 이러한 인사를 사양하는 분위기가 생겼다고 한다. 이때부터 입맞춤의 형식이 서로 손을 맞부딪치는 관습으로 바뀌게 되었고, 그것이 오늘날의 악수로 발전했다는 견해도 있다.

한편 악수가 일반적인 인사 형태로 정착된 시기를 산업혁명 이후로 보는 견해도 있다. 당시 상거래를 담당하던 이들은 주로 남성들이었고, 이들은 거래가 이루어지면 협상 성공의 의미로 손을 서로 부딪쳤다고 한다. 이것이 오늘날 우리가 곧잘 하는 하이파이브의 시초가 되었고, 차츰 손을 내밀어 악수하는 행동으로 바뀌게 되었다는 것이다.

오늘날 대부분의 사람은 악수를 우정과 신뢰를 의미하는 인사로 이해한다. 우리가 평소 아무런 생각 없이 행하는 악수의 유래를 곰곰이 생각하면 참으로 흥미롭다.

악수는 우아하고 당당하게

• 반드시 오른손으로 한다: 왼손잡이일지라도 악수

는 반드시 오른손으로 해야 한다. 물건을 든 경우라면 물건을 내려놓고 오른손으로 한다. 오른손에 물건이 있다 해서 왼손을 내미는 것은 대단히 큰 실례이다.

- 손을 적극적으로 잡는다: 지난 대선 때 후보로 출마한 박근혜 대표는 선거 유세 기간 중 매일 만나는 사람들과 악수를 하다 결국은 손이 붓는 불상사가 생겼다고 한다. 결국 박 대표는 붕대를 감고 살살 잡아달라고 양해를 구하며 악수하는 웃지 못 할 상황에 부닥쳤다. 그러나 악수할 때 상대방의 손을 너무 느슨하게 쥐면 냉담하고 무성의하다는 느낌이 들 수 있다.

수상학의 대가 이벳 그래디는 악수할 때 힘이 없는 사람은 정력이 약한 사람이라고 한다. 혹 악수하다 그런 사람을 만나면 마음속으로 측은히 여겨도 좋다. 그렇다고 악수를 할 때 젖 먹던 힘까지 다 쓰리라 작정한 사람이 있다면 그것도 문제이다. 이런 사

람은 편집증 경향이 있다
고 한다. 6)

6_ 손일락, 『마침표를 찍는 10가
지 방법』, 뜨인돌, p. 263, 1999.

- 악수할 때 손은 상하로 가볍게 흔들어 주는 것이 좋다. 그러나 여성과 악수할 때는 남자처럼 과격하게 흔들지 않는 것이 좋다. 일반적인 인사말이 "반가워요", "안녕하세요?"임을 고려하면 손을 흔드는 횟수는 세 번에서 다섯 번 정도가 적당하다.

- 김장수 전 국방장관은 김정일 위원장과 악수할 때 허리를 숙이지 않고 꼿꼿한 자세를 유지했다고 해서 '꼿꼿 장수'로 불린 적이 있다.

악수는 상대방이 누구이건 허리를 펴고 당당하게 하는 것이 원칙이다. 상체를 굽혀서 인사하는 문화를 지닌 우리나라 사람들은 악수를 하면서도 자신도 모르는 사이에 몸을 숙이게 된다. 이러한 모습은 우리 사회에선 존중과 예우의 뜻으로 이해할 수도 있지만, 국제 사회에선 오히려 비굴한 모습으로 비추어질 수도 있으므로 유의하여야 한다.

- 적당한 인사말을 건네면서 한다.
- 남성은 악수할 때 반드시 장갑을 벗어야 하지만, 여성은 낀 채로 해도 무방하다.
- 나이 차이가 크거나 사회적 신분이 대단히 높은 사람과 악수할 때에는 오른손 손목을 왼손으로 가볍게 잡고 받들어 모시는 듯 한 동작을 취하는 것이 정중함을 나타내는 자세이다.

악수를 청하는 순서

먼저 악수를 청할 수 있다	상대가 악수를 청하기를 기다려야 한다
여성	남성
지위가 높은 사람	지위가 낮은 사람
선배	후배
연장자	연소자
기혼자	미혼자

나라마다 다른 악수법

악수는 서양의 인사법 중 가장 보편적인 방식이긴 하지만, 나라마다 악수하는 방법이 약간씩 달라 종종 인사의 의미가 잘못 전달되는 때도 있다.

미국인들은 악수를 할 때 손을 힘 있게 잡고 두세 번 흔든다. 독일인들은 강하고 짧게 흔든다. 프랑스식 악수는 손에 힘을 많이 주지 않는 것이 특징이다. 이런 프랑스인들의 악수를 무성의하다고 흉을 보거나 실망할 필요는 없다. 프랑스인들은 안면을 익히면 악수 대신 더 적극적이고 친근감 있는 볼 인사를 교환하기 때문이다.

소 개

가족과의 외출에서 친구나 직장 상사를 만나면 자연스럽게 서로 소개하고, 인사를 교환하기보다는 당황한 나머지 제대로 된 인사교환도 못 하고 헤어지는 경우가 있다.

소개는 소중한 만남의 자리에서 서로 이어주는 가교 역할을 하며, 인간관계 형성의 중요한 순간이 될 수 있다. 소개를 하는 기본적인 예의를 알아두면 당황하지 않고 세련되게 그 순간을 이끌어 갈 수 있다. 순간의 기억이 오래 남을 수 있도록 하기 위한 소개 매너를 살펴보자.

상황별 소개

자신을
소개할 때 • 자신을 소개하는 방법은 상황에 따라 달라진다. 우선 비즈니스 자리에서 자기소개는 자신의 소속과 직위를 이름과 함께 알리는 것이 원칙이다. 그러나 사교적인 자리에서는 자신의 직위를 밝히지 말고, 우선 자신의 이름을 먼저 알린다. 직위를 붙여야 하는 경우 '직함+이름'의 순으로 소개하는 것이 원칙이다.

"S 기업 홍길동 부장입니다"가 아니라 "S 기업 부장 홍길동입니다"라고 소개하는 것이 원칙이다.

• 이름을 얘기할 때는 성과 이름을 모두 말하는 것이

원칙이다. 그러나 자신의 이름에 ~씨, ~양, Mr, Mrs, 또는 Miss 등의 존칭을 붙이지 않는다.

"저는 홍길동 씨입니다"나 "저는 미스터 김입니다"라는 표현은 틀린 것이다.

• 너무 장황하게 자기소개를 하면 자신이 돋보이기는 커녕 오히려 신뢰감만 잃게 할 우려가 있다. 그렇다고 너무 자신을 낮추는 소개도 바람직한 소개가 아니다.

"저는 홍길동인데 별로 아는 것이 없습니다"보다는 "저는 홍길동입니다. 잘 부탁드립니다"라고 하는 것이 좋다.

　　•남성을 여성에게 먼저 소개한다. 그러나 남성이 연장자이거나 사회적 지위가 높은 경우라면 먼저 남성에게 "○○ 씨를 소개해 드리고 싶습니다"라고 양해를 구한 다음 소개한다. 그 외에도 약간의 격식이 필요한 자리라면 "○○ 씨를 소개하겠습니다", "○○ 씨를 아십니까?"라고 시작하고 소개를 하는 것도 자연스런 방법이다. 그러나 여성에게는 "○○ 씨를 아십니까?"라고 소개하기보다는 "○○ 씨를 소개해 드리고 싶은데, 괜찮으시죠?"라고 완곡한 표현을 사용하는 것이 여성을 배려해 주는 방법이다.

• 나이 어린 사람이 나이가 많은 사람보다 직위가 높을 경우 반대로 소개해야 하므로 주의를 요한다.

• 가족을 다른 사람에게 소개할 때는 설령 그 사람이 중요한 인물이거나 여성이라도 가족을 다른 사람에게 먼저 소개하는 것이 올바른 매너이다.

- 직장에서는 동료나 임원을 외부인에게 먼저 소개한다.

- 여러 사람을 소개할 때에는 모임의 대표가 왼쪽에서부터 한 사람씩 차례대로 소개하고, 한 사람과 여러 사람일 경우에는 먼저 한 사람을 여러 사람에게 소개한다.

- 상대의 요구에 따라 소개를 할 경우에는 소개를 원하는 사람을 먼저 소개한다.

- 모임에 늦게 도착한 사람을 소개할 경우엔 연장자라 하더라도 먼저 와 있는 사람들에게 "홍길동 씨이십니다"라고 소개를 한 후, 먼저 온 사람들을 한 명씩 소개한다.

**소개를
받을 때**

- 소개를 하는 사람은 물론 소개를 받는 사람도 일어서서 웃는 얼굴로 서로를 소개하며 "안녕하십니까?"라는 인사말을 교환한다.

- 동성끼리, 혹은 남성이 여성을 소개받을 때는 반드시 일어서서 소개를 주고받는다.

- 여성이 남성을 소개받을 때에는 반드시 일어날 필요는 없다는 것이 일반적인 매너이다. 그러나 이 점은 나라마다 조금씩 차이가 있다. 이를테면 우리나라를 비롯한 동양 문화권에서는 여성이 앉은 채로 소개를 받으면 거만하고 도도하다는 인상을 줄 수 있다.

- 외국인 부부를 소개받은 때에는 동성 간에는 악수를 하고 이성 간에는 간단한 목례를 한다. 아랍권 국가에서는 기혼자는 부인을 소개하지 않는 관습이 있다.

- 소개를 받을 때에는 상대방의 이름을 반드시 기억하도록 노력한다. 대화 도중 상대방의 이름을 불러주는 것도 관심의 표현이자 친근감이 들게 하는 방법이기 때문이다.

  만약 상대방이 자신의 이름을 잘못 기억하고 있다고

생각되면 다시 한 번 자신의 이름을 상기시켜주는 것도 매너이다. 이는 상대방을 배려하는 행위가 되기 때문에 오히려 호감을 줄 수 있다. 그러나 반대로 상대방의 이름이 잘 생각나지 않는다고 다시 이름을 물어보는 것은 예의에 어긋난다. 이럴 땐 제삼자에게 살짝 확인하는 것이 좋다.

- 소개와 함께 악수만 교환한다면 어색한 분위기가 이어질 수 있을 뿐만 아니라 상대방에게 관심이 없다는 표시로 보이기도 한다. 서로 소개하면서 "만나 뵙게 되어 기쁩니다", "처음 뵙겠습니다", "○○ 씨로부터 말씀 많이 들었습니다" 등 상대방에게 호

❖❖ 소개의 순서

먼저 소개할 사람	소개받는 사람
연소자	연장자
미혼자	기혼자
후배	선배
남성	여성
지위가 낮은 사람	지위가 높은 사람

감을 줄 수 있는 인사말을 교환하면서 편안한 분위기를 솔선해 유도하는 것이 좋다.

　　•유럽이나 남미에서는 스스로 하는 소개에 대해 부정적으로 생각하는 경향이 있다. 따라서 가능하면 그 모임의 주최자나 제삼자를 통해 소개받는 것이 좋다.

•영국에서는 파티나 모임의 주최자가 참석자를 소개하는 시간을 특별히 할애한다.

•프랑스에서는 주최자에 의한 소개 과정 없이도 평소 안면이 있는 사람 또는 이전에 정식으로 소개받은 사람을 통해 다른 참석자들을 소개받기도 한다.

명함교환

비즈니스맨만의 필수적인 도구로 여겨졌던 명함은 이제 더는 그들만의 전유물이 아니다. 우리는 사교나 업무상 첫 만남의 자리에서 명함을 건네는 것을 당연하게 여긴다. 직장인은 물론이거니와 요즘은 학생들도 자신의 연락처와 메일 주소 등을 기재한 명함을 만들어 사용한다.

명함은 한 장의 종이에 불과하지만, 단순한 종이가 아니다. 그것은 초면인 상대방에게 자신의 소속과 성명을 알리는 역할을 하는 자신의 소개서이다. 아울러

명함은 상대방으로 하여금 자기를 기억하게 하는 제2
의 얼굴이기도 하다. 그럼에도 많은 사람들은 명함의
중요성을 제대로 인식하지 못한다.

명함의 유래

서양에서 명함은 흔히 방문용과 사교용으로 나뉜
다. 먼저 방문카드라고도 불리는 '방문용 명함
(visiting card)'은 독일에서 유래하였다고 알려진다.

16세기경 이탈리아에서 유학했던 한 독일 학생이
공부를 마치고 귀국인사차 스승을 방문했다. 그런데
스승은 마침 부재중이었다. 그래서 독일 학생은 스승
에게 쪽지를 남겼는데, 이 쪽지가 명함의 시초로 전해
진다.

한편 방문용 명함 사용의 시초를 17세기 프랑스의
루이 14세 시대로 추정하는 이들도 있다. 당시 궁정
출입이 잦았던 사교계 귀부인들은 궁정의 살롱에서

7_ 사진 규격용어 중 '명함판 사진'이라는 것이 있는데, 이는 19세기 유럽 명함에 사진을 붙여 사용하는 풍습에서 유래하였다고 한다. 당시 파리의 한 사진가가 명함판 사진 카메라를 발명 특허를 받았고 사진 제작비용이 절감되었다. 이때부터 사람들은 값싸고 작은 사진들을 명함 대신 사용하게 되었고 거기서 '명함판 사진'이라는 말이 생겨났다.

오락거리로 카드놀이를 즐기곤 하였다. 그런데 살롱에 왕이 들르면 그 자리에 있던 사람들은 왕에게 자신을 알리기 위해 본인의 이름을 손에 쥐고 있던 카드의 뒷면에 써서 왕에게 올렸다고 한다. 그 후 루이 15세 시대에 이르러 오늘날 사용되는 명함과 유사한 동판인쇄 명함으로 발전, 사용되기에 이르렀고, 이것이 오늘날까지 전해져 방문용 명함이라 불리게 되었다.[7]

방문용 명함은 직접 방문하였다는 것을 알리는 뜻으로 명함의 좌측상단을 접는 것이 세계적인 관습이며, 여러 명이 함께 방문하여 명함을 두고 갈 경우에는 명함을 절반으로 접어 둔다.

한편 동양에서 명함을 최초로 사용한 나라는 중국이다. 춘추전국시대에 공자가 명함을 사용했다는 기록이 남아 있다. 집주인이 부재중일 경우 방문자는 자신의 이름을 남겨놓고 오는 것을 법도로 여겼으며, 귀가한 주인은 그 명함을 보고 바로 방문자를 찾아가 인사를 하는 것이 그 시대에 통용되던 예법이었다. 이러한 관습은 명·청나라 시대에 이르러 종이나 비단에 붉은색 붓글씨로 출신지, 이름, 관직을 써서 사용한, '명첩(名帖)'이라 불리는 명함으로 재탄생하였고, 인쇄술의 발달과 더불어 인쇄된 명함인 명편으로 이어지게 된다. 이렇듯 동서양에서 오랜 역사를 지닌 명함은 예로부터 사교 및 사회생활에 있어서 자신을 대신해 주는 도구로 매우 유효하게 사용되었다.

명함의 형태

우리는 사용 용도에 따라 구분을 하지 않고 한 가지 명함만을 제작해 사용하지만, 서양에서는 각각의 상황에 따라 업무용, 사교용으로 구분하여 사용하기도 한다.

사교용

처음 만난 사람들끼리의 인사 교환시, 꽃이나 선물을 보낼 때,[8] 또는 초청장이나 방문용으로 사용하는 명함이다. 사교용 명함에는 이름, 주소, 전화번호와 개인 전자우편주소 등을 기재하며, 글자는 일반적으로 필기체로 한다. 초대용일 경우 여백엔 초대 내용을 넣을 수 있도록 제작한다.

8_ 업무상 보내는 꽃이나 선물일 경우엔 업무용 명함을 첨부하는 것이 바람직하다.

업무용

• 업무용은 자신이 소속된 회사의 로고와 이름, 주소, 직위 등을 기재한다. 유럽에선 사교용 명함과 구분하기 위해 업무용 명함의 크기를 약간 크게 만들기도 한다.

• 사장이나 중역: 명함 중앙에 이름을 넣고 하단에 직

위와 회사명을 쓴다.

- 사원: 명함의 중앙에 회사명을 쓰고, 이름과 소속, 주소 등은 좌측 하단에 쓴다.

메일주소 : 메일주소는 전화번호와 함께 명함에 기재하는 필수 요소가 되었다. 그러다 보니 톡톡 튀는 아이디어로 개성이 넘치는 메일주소를 사용하는 사람들도 많다. 그러나 업무용 명함에 지나치게 장난스럽거나 애칭을 사용한 메일주소를 사용하는 것은 자칫 경솔하다는 인상을 줄 수 있다. 비즈니스는 무엇보다도 신뢰와 성실한 이미지를 주는 것이 중요하다. 따라서 업무에 사용되는 메일주소는 적어도 자신의 이름의 글자를 조합하거나 업무에 관련된 약자를 이용해 만드는 것이 좋다.

전화번호 : 대부분 명함에서 휴대전화 번호는 핸드폰의 약자로 'HP(Handphone)'라고 쓰고 번호를 기재하는 경우가 많다. 핸드폰의 약자인 'HP'는 우리나라와 동남아시아의 몇몇 나라에서는 통용되지만, 사실은 한국식 영어이다. 정식 용어로는 cellular phone, cellphone, mobile phone이 정확한 표현이다. 이제부터라도 'HP' 대신 정식 명칭인 cellphone이란 단어를 사용한 세련된 명함을 만들어 건네도록 하자.

명함 교환 매너

- 우리는 초면인 경우, 소개를 마치기도 전에 명함부터 건네는 사람들을 종종 본다. 그러나 명함은 일단 간단한 자신의 소개와 인사, 그리고 악수가 끝나고 나서 교환하는 것이 올바른 순서이자 방법이다. 더구나 외국인과의 만남에서 명함을 잽싸게 건네고, 상대방의 명함을 요구하면 상대방은 당황하게 마련이다. 서양인들은 비즈니스 관계가 아니라면 초면에 명함을 교환하지 않는다. 충분한 대화가 오가고, 서로의 연락처가 필요하다 싶으면 명함을 교환한다.

- 명함은 서서 교환하는 것이 예의이다. 앉아서 명함을 주고받는 것은 상대방에게 경의를 표하지 않는다는 의미로 받아들여질 수 있거니와 자칫 경솔하다는 인상을 줄 수 있다.

- 명함을 건네는 위치는 상대방의 가슴 높이 정도가 적당하다. 건방진 인상을 주지 않도록 자기 명함을 건넬 때는 오른손에 명함을 쥐고 왼손으로 오른손을 받치며, 상대방의 명함을 받을 때는 두 손으로 받는다. 이때 손가락이 아니라 손바닥을 사용해 받아야 함은 물론이다.

  명함을 상대방과 동시에 주고받을 때는 자기 것은 오른손으로 건네고, 상대방의 것은 왼손으로 받는다. 또한 명함을 건넬 때는 반드시 상대방이 읽기 편하게 이름이 상대방 쪽을 향하도록 한다.

- 명함은 상대방에게 자신을 보여주는 최초의 수단이다. 얼굴이나 목소리와 마찬가지로 명함은 첫인상을 결정짓는 요소로 작용할 가능성이 크다. 따라서 지저분한 명함이나 구겨진 명함은 당연히 자신에 관해 잘못된 인상을 전할 수 있다. 더욱이 업무상 자리라면 지저분한 명함은 자신의 첫인상뿐 아니라 회사 이미지도 실추시킬 수 있다. 따로 명함지갑을

준비해 명함을 깨끗하게 보관하도록 한다.

흔히 남성들은 지갑에 명함을 보관하고, 또 지갑을 바지 뒷주머니에 넣어두곤 한다. 뒷주머니에서 명함을 꺼내는 것은 시각적으로 불쾌한 느낌이 들 수도 있다. 별도의 명함지갑을 준비해 세련되고 신중하다는 인상을 주는 것이 바람직하다. 그렇지 못할 때엔 미리 필요한 수만큼 명함을 준비하여 셔츠 주머니에 넣어두는 것도 방법이다.

• 여러 명이 모인 자리일 경우에는 그 모임의 대표나 주인에게만 명함을 주어도 무방하다. 다수에게 명함을 건넬 때는 윗사람에게 먼저 건네도록 한다.

• 명함을 건넬 때는 될 수 있으면 상대방과 사이에 장애물을 두지 않는 것이 좋다. 보통 만남의 장소에는 테이블이 놓여 있게 마련인데, 첫 만남의 경우라면 무의식적인 심리의 장벽이 될 수도 있고 그 테이블의 규격에 따라 손을 뻗어 주고받게 되면 오히려 친밀감이 떨어질 우려가 있다. 따라서 이럴 때엔 손을

뻗어 명함을 교환하기보다는 오히려 상대방 쪽으로
다가가 명함을 전하는 것이 좋다.

 • 상대방이 건네는 명함을 두 손으로
공손히 받은 것까지는 좋은데, 받자마자 가방이나
주머니에 넣는 모습은 상대에게 무관심하거나 만남
을 무의미하게 여긴다는 인상을 줄 수 있으므로 주
의한다.

명함을 받으면 최소한 이름과 직위 등을 상대방 앞
에서 다시 한 번 정독하며 관심을 보여준다.

• 받은 명함은 대화를 마칠 때까지 테이블 위에 가지
런히 올려놓는다. 그러나 대화 도중 상대방의 명
함을 손에 쥐고 만지작거린다든지 명함을 메모지
대용으로 사용하는 것은 매너에 어긋난다. 만약
연락처나 중요한 인적 사항을 명함에 메모해야 할
경우가 생기면 반드시 명함 주인의 양해를 구하도

록 한다.

- 자신을 좀 더 각인시킬 목적으로 독특한 디자인이나 문구가 눈에 띄는 명함을 제작하여 사용하는 사람들이 늘고 있다. 만약 상대방의 명함이 그런 경우라면 칭찬을 해 주도록 한다. 칭찬을 계기로 어색하고 무거워질 수 있는 첫 만남의 분위기가 훨씬 부드러워질 수 있고, 대화를 더욱 활기 있게 연결해 나가는 데 도움이 된다.

명함 관리 방법

명함은 어떻게 관리, 보관하느냐에 따라 아주 훌륭한 인맥관리 자료로 활용할 수 있다. 받은 명함은 만난 날짜, 장소, 만난 이유 그리고 소개자가 있을 때는 소개자의 이름, 소개의 이유 등도 함께 명시해 보관한다. 그래야 상대방을 기억하기 쉽고, 나중에 다시 만났을 때 유용한 대화 자료가 된다.

　명함보관함을 준비해 받은 명함을 순서대로 정리하
는 것도 좋은 방법이지만 요즘은 항상 휴대하는 휴대
전화나 컴퓨터 프로그램도 있으니 이를 이용하는 것
도 효율적인 관리 방법이 될 수 있다.

방 문

우리나라 사람들은 사전 약속 없이 지인의 집을 방문하는 일을 대수롭지 않게 여기는 경향이 있다. "지나가다 들렀다"라는 표현이 있는 것도 그 때문이다. 주인으로서도 예고 없이 찾아온 손님을 더없이 반갑게 맞이한다. 그리고 혹 식사 시간이라면 차려진 식탁에 숟가락만 하나 더 놓으면 된다며 방문자에게 음식을 대접하는 것은 우리의 아름다운 미풍양속이기도 하다. 그러나 개인생활이 점차 중시되고, 맞벌이 가구가 늘어나면서 예고 없는 방문을 아름다운 우리의 전통적 관습으로 생각하는 이들이 현격히 줄고 있다. 더욱이 이러한 행태는 사회생활에 오히려 마이너스로 작용할 개연성이 있다.

타인의 집을 방문하는 일은 무엇보다 세심한 배려가 필요한 일이다. 업무상의 방문일 경우 엄격히 지켜야 할 에티켓이 있음은 물론이려니와 개인적인 방문이라도 상대방의 의사와 형편을 고려해 주인에게 불쾌감과 불편함을 주지 않는 것이 좋다. 올바른 방문에티켓을 익혀두면 서로 행복해질 수 있고, 원만한 사회생활도 가능해진다.

가정 방문

방문시간

• 방문할 때엔 아무리 가까운 사이라도 미리 전화로 방문 내용을 알리고, 상대방의 형편에 맞추어 약속 시간을 정한다. 이때 방문자가 자신

의 방문 가능시간을 먼저 말하고 약속시간을 잡기보다는 상대가 원하는 시간이나 가능한 시간이 언제인지를 먼저 물어보는 것이 올바른 매너이다.

- 가정집을 방문하기에 적당한 시간은 특별한 일이 아니라면 이른 아침, 식사시간, 너무 늦은 시간을 피한 오후 3~5시가 좋다. 유럽에서는 조문이나 병문안을 제외하고는 오전에 방문하는 일을 금기로 여긴다.

가정 방문시 행동

- 유럽에서는 가정 식사에 초대된 경우, 안주인이 식사준비 및 치장을 할 수 있는 시간적 여유를 준다는 의미에서 10~20분 정도 늦게 도착하는 것을 매너로 여기기도 한다. 그러나 일반적으로는 약속시간보다 5분 정도 전에 여유 있게 도착하는 것이 좋다.

- 초인종을 다급하게 울리거나 대문을 요란하게 두드

리지 않는다. 초인종을 한두 번 누르고서 상대방의 응답을 기다리도록 한다.

간혹 도착을 알리기 위해 자동차 경적을 울리는 이들도 있는데, 이는 집주인은 물론이려니와 동네 주민에게까지 피해를 주는 행동이다.

- 사전에 양해를 구하지 않은 사람을 동행하여 주인을 당황하게 해서는 안 된다. 갑작스레 동행이 생긴 경우라면 반드시 미리 전화로 허락을 받거나 양해를 구하도록 한다.

- 꽃이나 과자 등 상대방의 취향을 고려한 간단한 선물을 준비하는 것도 좋은 매너이다. 단 식사에 초대된 경우 디저트에 해당하는 케이크는 삼가는 것이 바람직하다. 이는 주인의 음식 솜씨가 미덥지 않거나 혹 식사가 부실하다는 오해를 불러일으킬 수 있기 때문이다.

또한 병원 방문시에는 화분(난을 제외한)도 피해야 하는 선물의 하나이다. 화분은 부케와는 달리 빨리

퇴원하지 말고 오래오래 있으라는 뜻으로 받아들여질 수 있기 때문이다.

- 우선 인사는 현관에서 간단히 나누고, 집안에 들어가 정식으로 한다. 코트나 장갑을 착용했을 때에는 집안으로 들어가서 벗는다. 실내에 들어가기 전부터 미리 외투를 벗을 필요는 없고, 여성은 코트를 입고 있어도 무방하다.

- 주인이 권하는 자리에 착석한다. 서양에서는 출입구 반대쪽이 상석이며, 상석은 손윗사람들이 앉는 자리이므로 권하기 전에 먼저 앉지 않는다. 전통적인 온돌방 구조라면 윗목에는 손님, 아랫목에는 주인이 앉는다. 방석이 놓여 있을 때도 일단은 맨바닥에 앉고 주인이 방석을 권하면 그때 방석에 앉아야 한다. 이때 방석을 발로 끌어당기거나 메다꽂듯 던지지 않도록 한다.

- 너무 오랜 시간 머물지 않도록 한다. 돌아올 때는 "고맙습니다!", "폐를 끼쳤습니다!", "즐거웠습니

다!" 등의 인사말을 곁들여 정중하게 인사를 한다. 그러나 너무 장황하게 인사말을 늘어놓아 주인이 오래 서있지 않도록 한다.

비즈니스 방문

방문 날짜와 시간 정하기　• 가정방문과 마찬가지로 약속 없이 거래처를 찾아가 "지나가다 들렀다"라는 식으로 인사하는 행위는 자칫 무능력하고 할 일 없는 사람이라는 인상을 주기 십상이다.

거래처나 고객을 방문할 때는 방문자 개개인이 자신이 속한 직장을 대표하는 역할을 하는 것이다. 거래처를 방문할 때는 목적과 용건을 분명히 밝히고, 충분한 준비를 해야 한다. 그리고 상대의 상황을 알아본 뒤 방문해야 하며, 아무리 급한 용무라고 해도 사전에 양해를 얻는 것이 좋다.

- "며칠 후 찾아뵙겠습니다", "일간 방문할까 합니다"라는 식의 일시가 불확실한 약속은 바람직하지 않다. 또 일방적인 통보의 느낌이 드는 약속도 피해야 마땅하다. "몇 시가 좋은데, 어떠십니까?"라는 질문보다는 "언제 시간이 괜찮으시겠습니까?", "편한 시간을 말씀하시면 그 시간에 맞추어 찾아뵙겠습니다"와 같이 상대방의 의사를 존중한다는 느낌을 전달하는 방식으로 약속 시간을 정하는 것이 훨씬 효과적이다.
- 종교나 회사에 관련된 공휴일이나 근무시간 단축을 미리 파악하고 약속 시간을 정한다.

기독교, 불교의 휴일: 토요일, 일요일
회교도의 휴일: 목요일, 금요일
유대교의 휴일: 금요일, 토요일

- 약속 시간보다 10~15분 정도 시간 여유를 두고 도

착해서 화장실에 들러 자신의 용모와 복장을 점검
하도록 한다.

- 약속시간에 늦는다는 것은 직업의식이 없음을 보여
주는 행동이다. 어떤 경우에도 시간을 지키는 것이
중요하지만, 불가피한 사정으로 늦을 때에는 반드
시 사전에 연락해 상대방이 기다리지 않도록 한다.

- 방문 약속 날짜를 잡은 지 오래되었으면 당일 또는
하루 전쯤 다시 한 번 확인하는 것도 하나의 매너이
다. 혹 상대방이 약속을 잊어 실수하는 것을 미리
예방해 주는 배려의 의미가 있기 때문이다.

방문시 행동

- 안내 데스크가 있을 때에는 반드시
거치며 본인의 이름과 소속을 밝히고, 약속이 되어
있음을 알린다. 이때 미리 휴대전화의 전원을 끄거
나 매너모드로 바꾸도록 한다.

- 면담 자리로 안내되면 상석이 아닌 출입구에서 가

까운 자리에 앉아 기다리며, 상대가 상석을 권하면 "감사합니다!"라고 인사를 한 후 옮겨 앉도록 한다.

• 가방은 바닥에, 코트는 무릎에 놓고 기다린다. 여성의 핸드백은 의자의 등 사이에 둔다.

• 면담 중 시계를 들여다본다거나 휴대전화를 받는 것은 올바른 매너가 아니다. 면담 순간엔 상대에게 온 정성을 쏟는다는 자세로 임한다.

• 사무실은 업무공간이므로 너무 오래 머무르지 않으며, 자리에서 일어날 때는 사용했던 의자를 테이블 아래로 조용히 밀어 넣거나 원위치에 놓도록 한다.

• 비록 면담의 결과가 만족스럽지 못했다 하더라도 "바쁘신데 시간을 내주셔서 감사합니다. 기회가 된다면 다음에 다시 한 번 인사드리도록 하겠습니다" 등 마무리 인사를 잊지 않도록 한다. 무슨 일이든지 서둘러 빨리 끝내려는 모습은 상담내용까지도 진실하지 않아 보이게 한다.

상대에 따라서는 방문객을 현관까지 배웅하는 일

도 있으므로 적당한 장소에 이르면 "고맙습니다.
바쁘신데 들어가시지요"라고 말하며 상대의 수고
를 덜어주는 배려를 잊지 않는다.

• 방문 장소를 벗어나자마자 긴장이 풀린 나머지 자
신도 모르게 넥타이를 느슨하게 한다든지, 몸가짐
을 흐트러뜨린다든지 휴대전화를 확인하는 경우가
있다. 그러나 헤어진 그 순간이라 할지라도 관계자
의 시선이 어디에 있는지 아무도 모른다. 몇 분만
더 몸가짐을 바르게 하고, 늘 진중해지는 습관을 들
여야 한다.

전 화

세계에서 휴대전화를 가장 많이 사용하는 나라가 우리나라라고 한다. 강의실이나 지하철에서 초음속으로 문자를 보내는 이들을 단 한 차례라도 보지 않고 하루를 보낸다는 것은 불가능한 일이다. 어떤 심리학자는 휴대전화에 대한 병적인 집착을 모성으로부터의 분리나 단절을 두려워하는 유아심리에서 비롯되었다고 주장하기도 한다. 휴대전화에 대한 과도한 집착은 다양한 부작용을 낳는다.

일상생활에서 없어서는 안 될 도구로 자리 잡은 전

화, 그러나 전화 대중화에 걸맞은 전화예절은 아직 요원한 실정이다. 영상전화도 가능한 세상이긴 하지만 기본적으로 전화 통화 시에는 상대방의 얼굴을 보지 못한다. 목소리만으로 응대하기 때문인지 많은 사람이 전화를 걸거나 받을 때 무책임하게 대하는 경우가 적지 않다. 어쩌면 늘 전화와 더불어 생활하여 무신경해졌기 때문인지도 모를 일이다. 그러나 전화는 그 자체가 업무의 연장이며, 인간관계의 기본적인 수단이라는 사실을 잊어선 안 된다. 전화를 거는 방법이나 태도로 말미암아 오해가 빚어지기도 하고, 때로는 역효과를 낳기도 한다. 전화를 사용할 때는 설령 상대방이 보이지 않는다 하더라도 예의와 격식을 갖춰야 한다. 즉 언제나 정중하고 공손하게 사용해야 한다.

휴대전화의 알림음은 웬만하면 늘 진동이나 무음으로 조정해두는 것이 좋다. 특히 도서관이나 강의실, 전철이나 버스 안, 병문안이나 문상하는 자리라면 꺼두거나 무조건 진동 모드로 전환해 두어야 한다. 한편 기차에서 부득이 전화를 받아야 하는 경우라면 연결 통로를 이용하는 것이 원칙이며, 항공기 내에서는 전원을 꺼두어야 매너다. 간혹 화장실에서 휴대전화를 받는 이들도 있는데, 이것 또한 꼴불견이다. 비상사태가 아니라면 웬만하면 화장실에서의 통화는 삼가야 마땅하다. 간혹 옆 칸에서 볼일을 보다 무심결에 대답하는 황당한 사태가 생기지 않는다는 보장이 없기 때문이다.

전화 걸 때

• 신호음이 확인되고 상대가 전화를 받으면 우선 "안녕하세요?"라는 인사말과 더불어 자신의 이름을 밝힌 후 상대방을 확인한다. 전화가 걸려왔을 때 구태여 "여보세요?"라고 응답할 필요는 없으며, 전화를 받은 상대방이 먼저 "○○입니다"라고 자신을 밝혔을 때도 상대방을 다시 확인할 필요는 없다. [9]

- 전화 연결을 원하는 상대가 아닌 다른 사람이 받으면 "죄송하지만, ○○ 씨 부탁합니다" 하고 정중히 부탁한다.

- 용건을 말하기 전에 "지금 통화가 가능하십니까?"라고 상대방의 사정을 알아본다.

- 사무적인 통화를 할 때는 용건만 간단하게 말한다.

- 전화를 끊는 순간은 통화하는 순간만큼이나 중요하다. 통화가 끝남과 동시에 상대방의 전화 끊는 소리

9_ 전화벨이 울려 수화기를 들고 대답을 하고 있는데도 꼭 세 번이나 거푸 "여보세요"라고 숨 가쁘게 외치는 이들이 있다. 도대체 무슨 짓인가? 전화를 걸었을 때 반드시 "여보세요"를 하지 않으면 안 되는 것으로 잘못 생각하고 있는 것은 아닌가 하고 생각이 들 정도이다. "여보세요"는 아마도 일본 메이지 20년대에 최초로 전화가 설치되었을 때부터 생긴 관습인 것 같다. 당시 관리가 전화 가설 준비를 위해 미국으로 연구 시찰을 나갔는데, 미국에서는 전화를 걸면 먼저 "헬로(Hello)!" 하고 인사하는 것이 관습이었다. 미국인들이 사용하는 "헬로"는 '안녕하세요? 정도의 가벼운 인사인데 이것을 본 관리가 "우리말로 이것에 상응하는 말은 무엇일까?" 하고 생각해 낸 것이 바로 "여보세요"였다는 이야기다. 그렇지만 "헬로!"와 "여보세요"는 느낌이 좀 다르다. 오히려 "예, ○○○입니다" 하고 이름을 대는 것이 세련된 행동이다. 양쪽이 서로 "여보세요"를 연발하는 것은 현명한 처사라 할 수 없다.   – 서비스 매너신문, 1998년 9월 16일

가 탁 들린다면 불쾌감을 느낄 수 있다. 상대가 전화를 끊고 난 후 한 호흡 기다린 뒤 수화기를 내려놓는 습관을 들인다. 유선 전화기일 때는 손가락으로 후크를 가볍게 누르고 나서 수화기를 내려놓는 것도 센스 있는 방법이다. 본래 전화는 용건이 있어서 먼저 건 사람이 먼저 끊는 것을 올바른 에티켓으로 간주하였다. 그러나 상대를 배려한다는 의미에서 상대가 먼저 끊기를 기다려 주는 것이 바람직하다. 먼저 끊어야 할 상황이라면 "그럼 먼저 끊겠습니다"라고 상대의 양해를 구하고 끊도록 한다.

응답기에 메시지를 남길 때

상대가 부재중이라 본의 아니게 음성 메시지를 남길 때가 있다. 이럴 때는 직접적인 대화가 아니므로 상대가 제대로 이해할 수 있도록 정확하게 메시지를 남겨야 한다.

- 자동응답기에 음성을 남길 때에는 주의의 소음 때문에 내용 전달이 방해받지 않게 되도록 조용한 곳에서 하도록 한다.
- 간략하고 요령 있게, 그리고 또박또박한 음성으로 분명하게 말한다.
- 날짜, 시간, 번호 등 중요한 숫자는 반복하여 말한다.

전화를 받을 때

- 전화는 적어도 벨이 세 번 울리기 전까지는 받아야 한다. 전화벨이 한 번 울리는 데 대략 3초 정도의 시간이 소요된다고 한다. 따라서 열 번 정도 울려봐야 30초라는 아주 짧은 시간이 소요될 뿐이다. 하지만 한 조사로는 세 번째 신호음부터 상대방이 전화를 받겠지 하는 기대심리가 최고조에 이른다고 한다. 전화벨이 네 번, 다섯 번 울리도록 전화를 받지 않으면 전화를 건 사람은 심리적 대기시간이 대단히

길어져 불쾌감이 증대될 수 있다.

요즘은 연결신호음이 다양해져 기다리는 동안 흘러 나오는 음악을 즐길 수 있지 않느냐는 의견도 있을 수 있다. 그러나 기다리는 동안의 음악 감상은 그리 긍정적인 효과가 있진 않다. 중국집에 자장면을 시켜놓고 기다리며 듣는 음악이 즐겁지 않은 것과 마찬가지 이치이다.

그렇다고 벨이 울리자마자 바로 받는 것도 좋은 방법은 아니다. 상대방으로서도 통화할 마음의 준비가 필요하기 때문이다. 중국집에 자장면을 시켰는데 5분 이내에 도착했다면 십중팔구 다른 집에서 거절한 불어 터진 자장면이 아닐까 하고 의심할 것이다. 전화는 벨이 두세 번 울렸을 때 받는 것이 가장 바람직하다.

- 전화 통화를 할 때 평소 목소리보다 저음으로 무게를 실어 목소리를 내는 사람들이 있다. 혹 상대방으로부터 "어디 아프진 않니?", "기분이 안 좋니?"라는

질문을 받아 본 적이 없는지 생각해 보기 바란다. 전화기를 타고 들려오는 목소리는 평소 목소리 톤보다 한 단계 높은 목소리가 상대방에게는 더 호감을 준다고 한다. 전화벨이 울리면 항상 기다리던 사람을 맞이하는 것처럼 목소리에 미소를 실어 경쾌하게 받도록 한다.

- 잘못 걸려온 전화일 경우 말없이 끊거나, 상대방을 질책하며 무뚝뚝하게 끊어서는 안 된다. "몇 번에 거셨습니까?"라든지 "여기는 몇 번입니다", "잘못 거신 것 같습니다"라고 공손히 알려준다.

- 받은 전화를 다른 사람에게 연결해 줄 경우 연결음이 상대에게 들리지 않도록 주의하고, 홀드 버튼을 사용하는 것이 바람직하다. 또한 통화 중 다른 사람과 상의할 일이 생길 경우 상대에게 양해를 구하고, 상대방에게 들리지 않도록 송화기를 막는다.

- 전화를 받을 땐 왼손으로 받는(왼손잡이라면 반대)연습을 할 필요가 있다. 전화를 오른손으로 받으면,

통화가 길어지거나 혹은 메모를 해야 할 일이 생길 때 적절하게 대처하기 어렵고, 더러는 전화기를 턱과 어깨 사이에 끼운 채 통화하기도 한다. 비록 자신의 모습을 상대방이 볼 순 없지만 부자연스러운 자세 때문에 불편한 목소리가 전해질 수 있고, 이렇게 되면 상대방은 불쾌감을 느낄 수 있다.

접대와 안내

　방문 목적을 떠나 찾아오는 사람을 정중히 맞이하는 것은 인간관계의 기본이라 할 수 있다. 호의적이면서 상대를 배려하는 접대는 호감 가는 인상을 줄 수 있다. 하지만 상대방을 배려하지 않은 초대와 접대 방식은 상대를 불쾌하게 할 뿐만 아니라 부정적인 인상을 주며, 결과적으로 인간관계 형성에 치명타가 되기도 한다.

🔹 가정에서의 접대

- 초인종이 여러 번 울리거나 손님을 문밖에서 오래 기다리게 하는 등 문을 여는 시간을 지체해서는 안 된다. 아주 짧은 시간이라도 시간이 지체되면 방문자는 불안감과 불쾌감을 느끼게 되고 환영의 의미가 사라질 수 있기 때문이다. 될 수 있으면 환한 표정으로 감동적인 첫 대면의 순간을 연출할 필요가 있다.

- 실내로 안내하면 상대방의 나이와 지위를 고려해 착석을 권한다. 입구 쪽에서 가장 먼 곳, 창가의 경치가 좋은 곳이 상석이므로 손님을 상석으로 안내한다.

- 음료를 권할 때에는 "뭐 드시겠어요?"라고 묻기보다는 집에서 준비할 수 있는 음료가 뭔지를 알려주며 의향을 물어보는 것이 매너이다.

- 손님이 돌아가겠다는 의사를 밝혔을 때 곧바로 자

리를 털고 일어서는 것은 올바른 매너가 아니다. 한 번쯤은 조금 더 머무를 것을 권유하고, 그래도 상대가 일어서고자 할 경우에는 아쉬움을 보이면서 배웅한다.

- 작별인사를 나누자마자 곧바로 돌아서서 문을 닫지 않는다. 손님의 뒷모습이 보이지 않을 때까지 기다려주는 것이 에티켓이다.
- 아파트일 경우 허물없는 사이라면 엘리베이터까지, 그리고 상대가 연장자이거나 지위가 높은 경우 아파트 입구까지 나가서 배웅한다.

비즈니스 접대

　방문객을 맞이하고 안내하는 일은 자신이 소속된 직장의 대표로서 자격을 부여받는 것과 마찬가지이다. 자신의 안내 태도에 따라 자신뿐만 아니라 회사의 인상도 좌우된다는 생각으로 항상 기분 좋게 방문객을 맞이하는 배려를 잊지 않도록 한다.

복도에서

　　　　• 방문객을 안내할 때는 옆으로 나란히 걷기보다는 방문객보다 조금 앞서서 한쪽으로 비켜선 자세로 이동한다. 몸을 한쪽으로 조금 비켜서 걷는 자세로 인해 방문객에게 등을 보이는 결례를 피하기 위해서이다.

• 모퉁이를 돌거나 방향을 바꿀 때에는 방문객에게 가야 할 방향을 미리 제시해준다. 이때 손가락으로 가리키지 말고 손가락을 모아 손바닥이 보이는 자세가 공손해 보인다.

계단에서

　　　　• 계단을 오를 때는 방문객보다 두 계단 정도 뒤에서, 내려올 때는 반대로 두 계단 정도 앞서 내려오며 안내한다.

- 상대가 상사나 연장자라면 계단을 오를 때는 뒤에서 오르는 것이 예의이다. 여직원이 방문객을 안내할 때에는 방문객의 왼쪽 서너 계단 앞에서 오른다.
- 남녀가 함께 계단을 오를 때에는 남자가 앞서 오르고, 내려갈 때는 여자가 앞서 내려간다.

엘리베이터에서

- 엘리베이터로 안내하는 경우에는 엘리베이터를 타기 전 방문객에게 "○층으로 안내해 드리도록 하겠습니다"라고 미리 알려 주는 것이 매너이다.
- 손님이 소수일 때에는 밖에서 단추를 눌러 손님을 먼저 태우고, 사람이 많을 때에는 먼저 들어가 열림 단추를 누른다.
- 상석은 들어가서 좌측이며, 상위자가 중앙에 섰을 경우엔 그 주위에 서도록 한다.
- 엘리베이터 안이 혼잡할 때에는 "다음 층입니다"라

고 알려 방문객이 미리 내릴 준비를 할 수 있도록
해준다.

- 승무원의 유무에 따라서도 방문객을 안내하는 방법
이 다르다.

　　탈 때 – [승무원 有] 방문객이 먼저 타고 안내자가 나
　　　　중에 탄다.
　　　　[승무원 無] 안내자가 먼저 타고 방문객이 나
　　　　중에 탄다.
　　내릴 때 – [승무원 有] 안내자가 먼저 내리고 방문객
　　　　이 내린다.
　　　　[승무원 無] 방문자가 먼저 내리고 안내자
　　　　가 내린다.

접대실

　　　　• 미는 문인지 당기는 문인지에 따라
방문객을 안내하는 방법이 다르다. 우선 미는 문은
안내자가 먼저 들어가 방문객을 안내하고, 당기는

문일 경우 방문객을 먼저 들어가게 하는 것이 올바른 방법이다.

- 방문객의 옆에 서서 "이쪽으로 앉으십시오"라고 오른손으로 상석을 가리키며 착석을 권한다. 일반적으로 입구 쪽에서 가장 먼, 안쪽이 상석이다. 창문이 있는 경우는 경치가 좋은 자리, 사무실에서는 책상에서 멀리 떨어진 자리가 상석이다.

배　웅

- 면담을 마치고 자리에서 일어날 때는 방문객이 자리에서 일어나고 나서 일어나도록 한다. 먼저 일어나면 가기를 기다렸다는 인상을 줄 수도 있다.
- 일반적으로 가정에서 방문객을 배웅할 때와 같은 방법으로 배웅하면 좋다. 사무실 문이나 엘리베이터 문이 닫힐 때까지 배웅하는 것은 기본이다.

테이블 매너

"당신이 만약에 어떤 음식을 먹는지 말해주면, 난 당신이 어떤 사람인지 말해주겠다." 프랑스의 미각생리학자 브리야 사바랭의 말이다. 이 말은 "사람이 어떤 음식을 먹는지, 또 어떻게 먹는지"라는 문제는 궁극적으로 그 사람의 모든 것, 곧 정체성을 보여준다는 의미이다.

국제화·세계화 시대에 접어들면서 점점 서양 음식을 접하는 기회도 늘어나고 있다. 우리 음식을 먹을 때도 격식과 예절이 있는 것처럼 서양 요리를 먹을 때도 지켜야 할 격식들이 있다.

　요리를 제대로 먹는 방법과 에티켓을 배운다면 요리를 맛있게 즐길 수 있을 뿐만 아니라 보다 우아하고 즐거운 식사가 가능하고, 덤으로 자신을 더욱 돋보이는 기회도 얻을 수 있다.

정식 만찬의 구성

1) 식전주(아페리티프apéritif)

2) 전채(애피타이저appetizer, 스타터starter)

3) 수프(수프soup, 뽀타쥬potage)

4) 생선 요리(피시fish, 쁘와쏭poisson)

5) 셔벗(셔벗sherbet, 소르베sorbet)

6) 육류 요리(미트meat, 비앙드viande)

7) 샐러드(샐러드salad, 살라드salade)

8) 치즈(치즈cheese, 프로마쥬fromage)

9) 디저트(dessert, 데세르dessert)

10) 커피 또는 차(커피 혹은 티coffe or tea, 카페 우 테café ou

thé)

11) 식후주(디제스티프digestif)

정식요리 코스에 따른 식사 매너

**전채(애피타이저appetizer,
스타터starter)** • 전채(애피타이저)는 13세기

이탈리아의 마르코 폴로가 중국의 원나라에서 냉채

요리를 보고 본국으로 돌아와 개발한 것이 시초라

고 알려지며, 이후 프랑스로 건너가 오늘날의 애피

타이저로 발전하였다는 설이 있다. 또한 러시아에

서 연회 시작 전 보드카와 자쿠스키(zakouski)라는

간단한 요리를 제공했는데, 여기서 유래했다는 설

도 있다.

• 전채는 프랑스어로는 '오르되브르(hors-d'euvre)',

영어로는 '애피타이저(appetizer)'라 부른다. 최근에

등장한 미국식 패밀리 레스토랑에서는 이것을 스타터(starter)라 부르기도 한다.

본격적인 요리를 먹기 전, 위액이나 타액의 분비를 촉진시켜 식욕을 증진시킬 목적으로 가볍게 먹는 요리를 말한다. 식욕촉진의 목적으로 만든 음식이라면 어떤 요리도 전채가 될 수 있다.

- 전채는 크게 차가운 전채와 따뜻한 전채로 구분한다. 차가운 전채로는 캐비아(caviar: 철갑상어 알), 푸아그라(foie gras : 거위 간 요리), 생굴, 훈제연어 등이 있고, 따뜻한 전채로는 파이(pie, tarte), 에스카르고(escargot: 식용 달팽이 요리)9), 라비올리(ravioli: 이탈리아식 만두) 등이 있다.

9_ 달팽이 요리: 프랑스 사람들이 달팽이 요리를 먹기 시작한 것은 15세기경이라고 한다. 당시의 한 대법관이 가난한 사람들을 도울 목적으로 자신의 영지를 포도밭으로 만들어 포도를 재배하도록 했는데 달팽이들이 포도의 잎사귀를 자꾸 갉아먹자 이를 박멸하기 위해 농민들로 하여금 달팽이를 잡아 요리해서 먹게 했다. 이와 같이 퇴치를 목적으로 먹기 시작한 달팽이 요리가 그 독특한 맛으로 인해 전 세계 미식가들의 입맛을 즐겁게 해 주는 프랑스의 대표적인 요리로 자리잡게 되었다.

- 전채는 식욕을 촉진시키고, 위액의 분비를 도와주는 목적이 있으므로 본 요리를 더 맛있게 먹기 위해서는 가볍게 소량만 먹도록 한다.
- 달팽이 요리는 스네일 텅(snail tong)이라 불리는 전용집게를 이용한다.
- 푸아그라는 세계 3대 진미에 꼽히는 요리로, 주로 겨울철에 제공되며 샴페인과 함께 식전주의 안주로 준비되기도 한다. 잘 구워진 토스트와 함께 먹어야 제 맛을 느낄 수 있다.

수프(soup, 뽀타쥬potage)

- 맑은 수프는 '뽀따쥐 클레르(potage claire)', 진한 수프는 '뽀따쥐 리에(potage lié)'라 부른다. 맑은 수프는 '부이옹(bouillon)'이라 부르는 육류 및 생선을 삶은 국물에 채소, 향신료 등을 넣어 만든 꽁소메(consommé)가 대표적이며, 진한 수프는 맑은 수프에 감자, 옥수수, 채소, 가는

면 등을 첨가한 야채수프와 크림수프가 있다.

- 수프는 "마신다"라기보다는 "먹는다"라는 표현이 사용되는 일종의 요리이다. 마시는 음식이 아니므로 입으로 불어가며 후루룩 소리를 내며 먹지 않도록 한다. '후루룩 국수'라는 이름의 인스턴트 국수 CF를 보면 등장인물이 후루룩 소리를 내며 국수를 먹는다. 그러나 국수이건 수프이건 커피이건 음식을 먹을 땐 절대로 소리를 내서는 안 된다. 음식은 진공청소기 원리를 이용해 흡입하듯이 먹는 것이 아니다.

- 수프용 스푼은 펜을 잡듯이 중간 윗부분을 가볍게 잡는다.

- 미국과 우리나라는 앞에서 뒤로 떠먹으며, 유럽에서는 뒤에서 앞으로 떠먹는다.

- 부이옹컵, 즉 손잡이가 달린 수프 그릇에 담겨 제공되는 수프라면 몇 순가락 떠먹고 나서 들고 마셔도 된다.

• 수프를 다 먹고 난 후에는 스푼은 손잡이가 오른쪽으로 가게 한 후 수프 그릇 안에 둔다.

• 수프는 식량 기근에 시달리던 시절, 음식의 양을 늘리기 위해서 적은 양의 재료에 물을 많이 넣고 끓이는 것에서 유래하였다고 한다. 이런 이유로 지금도 서양의 가정에선 손님을 초대할 때 수프를 생략하는 경우가 많다. 우리나라 역시 국과 탕이 유난히 발달한 이유도 먹을 것이 귀했던 역사와 관련이 깊다.

빵

• 서양 식탁에 빠지지 않고 등장하는 것 중 하나가 빵이다. 그러나 식탁에 오르는 빵 종류는 식사시간에 따라 다르다. 우선 빵은 무게에 따라 60그램 이하는 롤(roll), 60~225그램 사이는 번(bunn), 225그램 이상이면 브레드(bread)라 부른다. 빵 종류도 잉글리시 브레드, 라이 브레드, 프렌치

브레드(바게트), 크루아상,[10] 브리오쉬, 패스트리, 도넛, 머핀, 베이글, 브랙퍼스트 롤, 하드 롤 등 매우 다양하다. 이 중에서 토스트, 크루아상, 브리오쉬 등

10_ 크루아상(croissant)은 초승달을 가리키는 프랑스어이다. 초승달은 본래 이슬람의 상징이다. 1638년 비엔나 전투에서 터키 군의 포위 공격을 물리친 오스트리아 사람들이 승리를 기념하기 위해 터키 깃발에 새겨진 초승달을 본떠 만들기 시작한 빵이다.

은 아침 식사에만 제공되는 빵으로 점심과 저녁 식탁에는 오르지 않는다.

- 테이블 매너의 기초라 할 수 있는 "좌빵우물"을 기억하면 편리하다. 이는 자신이 왼편에 놓인 빵이 자신의 빵이며, 물은 오른쪽에 놓인다는 의미이다.

- 빵은 포크나 나이프를 사용하지 않고 손으로 잘라 먹는다. 서양에서는 빵을 예수님의 몸으로 여기기 때문이다.

- 빵은 뒤집어 놓고 먹지 않도록 한다. 서양에서는 앞에서 말한 종교상의 이유뿐만 아니라 사형수의 빵을 뒤집어 놓는 관습이 있었다고 하여, 이후 식탁

에서 빵은 절대 뒤집어 놓지 않는 금기가 생겼다고 한다.

- 아침식사에는 잼과 버터가 제공되지만, 점심이나 저녁에는 잼이 제공되지 않는다. 유럽에서는 브레드에 버터가 제공되지 않는 경우도 흔하다.

생선 요리(피시fish, 쁘와쏭poisson)

- 통째로 요리한 생선은 머리가 왼쪽으로 향하도록 하여 접시에 올려 제공하며, 먹을 때에도 왼쪽부터 먹는다.

- 생선 요리는 생선용 포크와 나이프를 사용하여야 한다.[11)

11_ 생선용 나이프는 19세기 초 빅토리아 여왕 시대에 생선의 뼈를 제거하기 위해 처음으로 사용되어 졌다고 한다.

- 생선의 위쪽 부분을 다 먹었다고 해서 생선을 뒤집으면 안 된다. 그 상태에서 나이프를 이용해 뼈를 들어내고 먹는 것이 올바른 방법이다.

- 서양의 생선 요리는 레몬과 함께 나온다. 이때 레

몬은 즙이 튀지 않도록 왼손으로 가리고 짜는 것이
좋다.

금요일의 생선, 여름의 추억이라 할 만한 버터 소스 가자미 구이

물고기는 나라에 따라 다양한 의미와 상징을 띤다. 불교, 특히 한국에서 물고기는 항상 깨어 있고, '잠들지 않는' 부처의 영혼을 상징한다. 그렇기 때문에 절마다 처마에 물고기 모양의 작은 풍경을 매달아 놓고, 그 소리로 신도들의 마음을 깨운다. 기독교에서 물고기는 특별한 의미가 있다. 예수의 행적 중에는 어부와 물고기에 관련된 우화가 많다. 예수는 제자들과 빵과 물고기를 자주 나눠 먹기도 했지만, 무엇보다 초기 교회에서 이교도인 로마인들에게 자신들의 신앙을 숨기기 위해서 그리스도를 물고기로 표현하기도 했다. 그리스어로 물고기는 '익투스(Ichtys)'인데, '하느님 아들이신 구세주 예수 그리스도'라는 말의 각 단어 첫 글자만 따면 'Iychtys', 즉 '물고기'가 된다. 그래서 기독교 회화나 전통에는 물고기가 자주 등장한다. 물고기가 자주 등장하는 이유는 또 있다. 유대교에서는 금요일, 즉 안식일에 금식하는 전통이 있었다. 이날에는 일하는 것과 특별한 동물을 죽이는 것이 금지되어 있었는데 이런 전통은 오늘날까지 이어지고 있다. 그렇지만 물고기를 죽이는 데는 아무런 제약이 없었기 때문에 생선은 안식일에 가장 즐겨먹는 음식이 되

셔벗(sherbet,
소르베sorbet)[12]

• 생선 요리와 육류 요리 사이에 먹는 단맛이 적고, 대개는 알코올 성분이 들어 있는 빙과류이다. 생선 요리를 먹고 나서 입안을 개운하게 해 다음 요리를 위한 미각을 새롭게 해 주기도 하고, 코냑이나 와인과 같은 포도를 원료로 하는 술을 첨가해 소화를 돕는 역할을 하기도 한다. 그러나 생선 요리나 육류 요리 중 한 가지만 먹는 경우엔 생략하기도 한다.

12_ 알렉산더 대왕이 페르시아를 공격하던 때 병사들이 싸움보다도 일사병으로 쓰러지자 알렉산더 대왕이 특공대를 조직하여 알프스의 만년설을 떠오도록 하여 과일즙과 꿀을 넣어 병사들에게 먹게 한 것이 셔벗의 유래라고 한다.

육류 요리(미트 meat, 비앙드 viande)

- 취향에 따라 고기를 익히는 정도를 선택한다. 단 양고기, 닭고기, 돼지고기, 햄버거, 송아지고기 등은 제대로 익혀서 먹는 요리이기 때문에 구태여 굽는 정도를 얘기할 필요가 없다.
- 레어(rare): 살짝 표면만 구운 것으로, 중간은 설익은 상태를 유지하고 있다.
- 미디엄 레어(medium rare): 레어보다 좀 더 구운 것으로, 중심부가 붉은색과 분홍색이 섞여 있는 상태이다.
- 미디엄(medium): 중간 정도로 구운 것.
- 웰던(welldone): 표면은 물론 중심부까지 완전히 익힌 것.
- 왼손의 포크로 고기를 고정한 후 오른손의 나이프를 이용해 고기의 결대로 잘라 먹는다.
- 한꺼번에 고기를 다 잘라 놓고 먹지 않는다. 미리 잘라 놓으면 육즙이 접시로 전부 흘러내려 스테이

크의 맛이 떨어지고, 빨리 식어 본래의 맛이 줄어들기 때문이다.

- 고기 요리에 따라 나오는 소스는 요리 위에 뿌려서 먹어도 되지만, 접시 한쪽에 덜어놓고 조금씩 찍어 먹는 것이 좋다.

샐러드(salad, 살라드 salade)

- 샐러드를 먹는 순서는 나라마다 약간의 차이가 있다. 영국과 미국 사람들은 샐러드를 육류 요리와 함께 먹거나 그 전에 먹지만, 프랑스인들은 전채로 먹거나 육류 요리가 끝나고 나서 먹는다.

- 샐러드가 큰 그릇에 제공될 때에는 샐러드용 집게를 사용하여 개인 접시에 알맞게 덜어 먹는다.

- 샐러드는 나이프로 잘라 먹지 않는다. 상추 등은 먹기 좋게 썰어져 제공하는 것이 원칙이지만, 만약 커다란 조각으로 제공되는 경우에는 나이프와 포크를 이용해 한입에 들어가기 좋은 크기로 접어서

먹는다.

- 일반적으로 드레싱은 두세 가지 이상 제공되는데, 자신의 기호에 따라 한 가지만 선택해 먹는다. 샐러드 소스를 '드레싱(dressing)'이라 부르는 이유는 샐러드 위에 뿌려진 소스가 마치 드레스를 입은 모습과 같아서 붙여진 것이다.

- 식사도 하기 전에 음식에 소금과 후추를 무턱대고 뿌리는 행동은 매너에 어긋난다. 외국에선 음식 맛을 보기도 전에 미리 조미료를 뿌리면 요리한 사람을 무시하거나, 음식을 먹을 줄 모르는 사람으로 취급될 수 있다. 따라서 우선 요리 맛을 본 다음에 취향에 맞춰 조미료를 첨가하도록 한다.

치즈(cheese, 프로마쥬 fromage)

- "좋은 치즈는 식사를 더 빛내준다"라는 말이 있을 정도로 서양인들은 치즈를 사랑한다. 특히 프랑스인들의 치즈에 대한 애착은 유별

나다. 프랑스에는 400여 가지가 넘는 치즈가 있으며, 치즈가 빠진 식탁은 완전하지 못한 식사로 간주할 정도다. 오죽하면 프랑스의 드골 대통령은 수많은 종류의 치즈에 빗대어 "이렇게 취향이 다양한 민족을 통치하기란 얼마나 어려운 일인가!"라며 개탄했다는 일화까지 있을까?

프랑스에서는 치즈를 '프로마쥬(fromage)'라 부르며, 디저트 직전에 샐러드와 함께 먹거나 포도주를 마실 때 안주로 먹기도 한다. 치즈를 하드 치즈(경질 치즈)와 소프트 치즈(연질 치즈)로 나누기도 하고, 가공 치즈와 비가공 치즈로 분류하기도 한다.

- 치즈는 그 본래의 맛과 향을 살리기 위해 금속 제품이 아닌 목재나 유리 용기에 담는 것이 상식이며, 향에 따라 치즈를 자르는 칼도 따로 준비하는 것이 좋다.

- 집에 손님을 초대했을 때에는 적어도 두세 종류의 치즈를 대접하는 것이 예의이다. 그러나 손님은 치

즈를 너무 많이 먹으면 식사가 부실했다는 의미로 받아들여질 수도 있으므로 적당히 먹는 것이 좋다.

- 작은 조각으로 잘라 취향에 따라 빵이나 샐러드와 함께 먹는다.
- 치즈는 풍미가 약한 것부터 강한 순으로 먹는 것이 좋고, 냄새가 강하거나 껍질이 딱딱한 치즈는 껍질을 벗기고 먹는다.
- 요즘은 우리나라에서도 건강과 편의를 위해 아침 식사를 서양식으로 대체하는 가정이 느는 추세이다. 빵으로 아침 식사를 할 경우 빵과 버터, 그리고 잼을 기본으로 하고, 영양을 고려해 치즈를 곁들이는 가정도 많이 있다. 그러나 서양에서는 아침 식탁에 치즈는 올리지 않는다.

디저트(dessert, 데세르 dessert) 서양 요리의 대부분은 조리 시 설탕이 가미되지 않는 것이 특징이다. 따라서 식사의 대미를

장식하는 달콤한 디저트는 서양인들이 가장 좋아하는
식사 코스이기도 하다.

- 멜론, 딸기와 같은 수분이 많은 과일은 스푼을 이용
  해 떠먹고, 사과와 배 등 수분이 적은 과일은 나이
  프와 포크를 사용한다.
- 포도처럼 씨가 있는 과일을 먹을 때에는 한 알씩 따
  서 먹고, 씨는 보이지 않게 입을 가리고 뱉은 후 자
  신의 접시 가장자리에 둔다.
- 과일을 먹을 때는 설탕을 가미하지 않는 것이 원칙
  이다.
- 토마토는 서양에서는 채소로 간주하기 때문에 후식
  으로 제공하지 않는다.
- 크래커와 같은 과자 종류는 디저트로 적당하지 않다.

커피 또는 차(coffe or tea,
카페 우 테(café ou thé)　　우리나라 사람들은 인스턴트 커피를 '다방 커피'니 '양수리 커피'라 부르며 마시길 즐긴다. 식당에서는 으레 인스턴트커피를 후식으로 제공한다. 삼천리 방방곡곡 어디를 둘러봐도 커피자판기가 없는 곳은 없다. 그러나 인스턴트커피는 엄밀히 말하면 '짝퉁 커피'이다. 우리나라 사람들이 이처럼 인스턴트커피를 좋아하는 이유는 습관도 습관이지만, '빨리빨리' 문화에 기인하는 바가 클 것이다. 인스턴트커피는 분말 프림도 문제지만, 다량으로 소비되는 종이컵도 심각한 문제가 아닐 수 없다. 커피나 차는 단순히 식사 후에 마시는 음료이기 이전에 사교와 휴식을 위한 음료라는 사실을 기억할 필요가 있다. 적당하게 로스팅된 원두를 수제그라인더로 간 뒤 에스프레소 기계로 우려내 여유롭게 마시는 커피는 인스턴트커피에 비할 바 아니다.

커피의 유래

커피는 "힘과 정열"을 뜻하는 아랍어에 어원을 두는 것으로 알려진다. 서기 600년경 예멘의 한 시골에서 양들이 갑자기 소리를 지르며 이리저리 날뛰며 흥분했다. 그러자 놀란 양치기들이 마을의 수도원 사제를 찾아가 도움을 청한다. 양들의 모습을 살펴본 사제들은 먹이에 문제가 있을 것으로 생각하고, 무엇을 먹는지 관찰했다. 그랬더니 양들이 전에 보지 못한 나무열매를 먹는 것이 아닌가? 나뭇가지를 꺾어 조심스레 맛본 사제들은 자신들 역시 기분이 고조되는 것을 느낀다. 그 뒤부터 양들의 열매는 '졸음을 쫓고 영혼을 맑게 하며, 신비로운 영감을 느끼게 하는 성스런 것'으로 불리기 시작했다. 오늘날 우리가 마시는 커피는 이렇게 탄생했다.

커피의 종류

• 카페오레(café au lait): 커피에 우유를 넣은 커피를 일컫는 프랑스어다. 이탈리아어로는 카페라테, 영어로는 밀크커피라 불린다. 우리나라 사람들이 즐기는, 이른바 '다방 커피'도 일종의 카페오레이다. 그러나 프랑스에서는 카페오레를 주로 아침식사에만 마신다.

• 비엔나 커피(Vienna coffee): 마구 저은 생크림(위핑)이 올려진 커피이다. 비엔나 커피를 마실 땐 티스푼을 사용하지 않는다. 비엔나 커피는 크림이 저절로 녹아드는 맛을 즐기며 마시기 때문에 스푼으로 저어 마신다면 오히려 촌스러운 사람처럼 보일 수 있다. 비엔나 커피는 300년 전 비엔나를 침공한 터키 군대가 전쟁에서 패하여 후퇴하면서 남긴 원두 재료를 가지고 콜스치즈라는 사람이 만들어 낸 커피로 알려졌다. 하지만 지금은 비엔나에서 비엔나 커피를 주문하면 아무도 알아듣지 못한다. 왜냐하면

비엔나에서는 비엔나 커피를 '아이슈펜나(Ein Spanner)'라 부르기 때문이다.

- 카푸치노(Cappuccino): 우유 거품과 계피 향이 독특하게 어우러진 커피이다. 카푸치노는 프란체스코 수도회인 카푸친회의 성직자들이 입던 성복에서 그 이름이 유래하였다고 한다. 이들은 이탈리아어로 '카푸치오(cappuccio)'라고 불리는 두건이 달린 갈색 성복을 입었는데, 커피의 색깔이 마치 이 성복 색과 비슷해서 붙여진 이름이다.

- 아메리칸 커피(American coffee): 미국인들이 즐겨 마시는 커피로, 아주 엷은 맛을 낸다. 유럽에서는 아메리칸 커피를 구경하기 어렵다.

- 카페 로열(café royal): '커피의 황제'로 불리며, 나폴레옹이 즐겨 마신 귀족적인 커피로 알려져 있다. 코냑이나 브랜디를 커피에 몇 방울 떨어뜨리고서 불을 붙이면 푸른빛을 발하면서 환상적인 분위기가 연출되는 커피이다.

- 아이리시 커피(Irish coffee): 아일랜드의 더블린 공항에서 추위를 이기기 위해서 위스키를 섞은 커피를 제공하면서 알려지기 시작했다. 아이리시 커피는 미국 샌프란시스코에서 폭발적인 인기를 끌어 '샌프란시스코 커피'라고도 불린다. 황설탕으로 테를 두른 잔에 아이리시 위스키를 붓고, 잔을 알코올 램프에 데워 불이 붙으면 커피를 부어서 생크림을 올린다.

- 에스프레소(espresso): 에스프레소는 이탈리아인들이 즐겨 마시며, 작은 잔에 담아서 마시는 아주 진하고 독한 커피이다. 대체로 프랑스, 스페인 등 유럽인들은 에스프레소를 즐긴다.

커피나 차를 마실 때 지켜야할 매너

- 음료도 음식과 마찬가지로 연장자나 상급자가 먼저 잔을 드는 것을 확인하고서 마시도록 한다.

- 찻잔을 잡을 때는 방아쇠 당기는 모습처럼 손잡이
  에 손가락을 끼워 넣는 것은 바람직하지 않다. 잔의
  손잡이는 엄지, 검지, 중지로 쥐고 약지와 새끼손가
  락으로는 손잡이를 밑에서 받치는 듯한 느낌으로
  들면 된다.
  여성은 새끼손가락을 하늘로 뻗지 않도록 조심한
  다. 평소에 무신경하게 지내면 막상 중요한 자리에
  참석했을 때 실수하기 십상이다. 평소에 바른 자세
  를 익히려는 노력이 필요하다.
- 차를 제공할 땐 스푼은 잔 앞쪽에, 손잡이는 왼쪽으
  로 향하도록 테이블에 놓는다.
- 스푼은 사용하고선 잔 뒤쪽으로 옮겨 놓고, 손잡이
  를 오른쪽으로 돌려 잡고 차를 마시도록 한다.
- 차는 될 수 있으면 찻잔 받침과 함께 제공하되, 마
  시는 사람은 식탁에서 받침접시를 들거나 잔 밑에
  왼손을 받치듯 마시지 않는다.
- 마시기 전에 잔을 흔들어 돌린다거나, 뜨겁다고 입

으로 불어가며 티스푼으로 떠먹는 모습은 보기 좋지 않다. 차를 마시기에 앞서 기다림의 자세로 차 향을 여유롭게 즐길 줄 아는 세련된 모습이 필요하다.

- 스푼을 컵에 꽂아둔 채 마시지 않는다. 팔을 움직이다가 스푼을 건드려 컵을 엎을 염려가 있기 때문이다.

- 화장을 하였으면 찻잔 언저리에 본의 아니게 립스틱 자국을 선명히 남길 수 있다. 이때는 상대가 보이지 않게 엄지손가락을 이용해 살짝 닦는 센스를 발휘해야 한다.

- 상대방의 취향도 묻지 않고 크림과 설탕을 넣는 것은 과공비례로, 상대방에 대한 배려와는 거리가 멀다.

식사 도구 사용

| 나이프와 포크의 유래

- 나이프의 유래: 나이프는 위험한 무기이지만, 식사
시엔 아주 유용한 기구이다. 유목생활을 지속해 온
서구인들은 필요할 때 언제든지 사용할 수 있도록
나이프를 허리에 차고 다니면서 사냥이나 전쟁에
사용하기도 하고 더러는 고기를 썰어 먹는 용도로
사용하였다고 한다.

오늘날 식탁에서 흔히 보는 끝이 둥근 나이프는 식
사 중에 나이프의 날카로운 끝으로 이를 쑤시는 것
을 금지하기 위한 목적으로 프랑스에서 만들어졌다
고 한다. 정적이 유난히 많았던 나폴레옹이 끝이 뾰
족한 나이프를 금지하면서 탄생했다는 주장도 있
다. 나이프, 포크, 스푼은 200년 전만 해도 유럽과
미국 레스토랑 대부분에서 하나 혹은 둘 정도만 제

공했고, 세 가지 모두 제공하는 경우는 드물었다. 따라서 부유한 사람들은 여행할 때 개인용 식사도구를 지참하고 다닌 것으로 전해진다.[13]

13_ 박준형, 『볼프강의 글로벌 비즈니스 에티켓』, 김영사, 2000.

- 포크의 유래: 옛날 사람들은 나이프 하나로 모든 걸 해결했다. 나이프를 무기 삼아 전쟁을 하기도 하고, 짐승을 사냥하고서 고깃덩이를 찍어 먹는 도구로 사용하기도 했다. 그러다 보니 간혹 입을 베이는 이들도 생겼고, 이 과정에서 누군가가 칼날을 둘로, 셋으로, 혹은 넷으로 갈라 오늘날의 포크를 만들어냈다는 것이다.

영어로 'fork'라는 말은 농부의 쇠스랑을 의미하는 라틴어 '푸르카(furca)'에서 나왔다. 식사 도구로서 포크는 11세기 이탈리아 북부 투스카니 지방에서 처음으로 등장했다. 당시의 성직자들은 포크 사용을 비난했지만, 부유한 투스카니 사람들은 금과 은으로 만든 포크를 주문해 사용하였다. 그 당시 사용

한 포크는 대부분 끝자락이 두 갈래인 2지창이었
다. 이탈리아에서 사용되던 포크는 프랑스의 왕 앙
리 2세와 결혼한 피렌체의 부호 메디치 가문의 카
트린느 드 메디치에 의해 유럽에 전파되었다. 그러
나 17세기에 이를 때까지도 포크는 희귀품이었고,
포크 사용은 종종 비난을 받기도 했다. 18세기에 접
어들어 프랑스 혁명이 발발하면서 지배계층으로 등
장한 귀족들이 권위와 부의 상징으로 포크(네 갈래
포크)를 사용했고, 이때부터 포크가 유행하기 시작
했다.[14]

14_ 박준형, 같은 책.

나이프와 포크 사용 매너

- 정식 식사에서 식기류는 미리 테이블에 세팅된 경
우가 대부분이며, 포크와 나이프는 일반적으로 각
각 3개 정도씩 놓인다. 이 경우 포크와 나이프는 접
시를 중심으로 바깥쪽에 놓인 것부터 차례대로 사
용한다.

- 나이프는 오른손, 포크는 왼손으로 잡는 것을 원칙으로 한다. 식사 중에 포크는 오른손으로 옮겨 잡고 식사를 해도 무방하다. 미국에서는 이를 '지그재그 사용법'이라 부른다. 그러나 나이프는 항상 오른손으로 잡아야 한다.

- 식사 중 포크와 나이프는 가슴 높이로 들어 올리지 않는다. 상대방에게 위협감, 불쾌감을 줄 수 있을 뿐만 아니라, 나이프는 무기로 돌변할 위험성을 배제하기 어렵기 때문이다. 대화를 나누거나 음식을 씹는 동안은 잠시 접시 위에 내려놓는다.

- 레스토랑에서 실수로 포크나 나이프를 바닥에 떨어뜨렸다면 주워서 다시 사용하지 말고 바꿔 달라고 요청한다.

- 포크와 나이프는 자신의 식사 상황을 알려주는 신호로 사용되기도 한다. 식사 도중 대화를 나누거나, 자리를 잠시 비울 때, 그리고 음료를 마실 때에는 포크와 나이프를 여덟 팔자(八) 모양으로 접시 위에

놓는다. 이때 칼날의 방향은 반드시 안쪽으로 향하게 하며, 포크는 엎어 놓아야 한다.

• 식사를 마친 후 포크와 나이프는 접시 오른쪽 위에 나란히 올려놓는다. 자신 쪽에서 보아 포크를 위쪽 나이프를 아래쪽에 오도록 두며, 이때도 나이프 날은 자신 쪽으로 향하도록 두어야 한다. 그렇게 하지 않으면 상대방이 부지불식간에 긴장하기 때문이다.

[식사 도중]

[식사 종료]

냅 킨

｜ 냅킨의 유래

서양인들은 냅킨을 사용하는 모습만 보고도 그 사람의 출신 배경이나 매너 수준을 어느 정도 가늠할 수 있다고 한다. 이는 필시 냅킨을 사용하는 매너가 결코 수월하거나 만만치 않다는 얘기일 터이다.

서양 사회에서 냅킨의 역사는 길다. 13세기에 발표된 궁정매너를 노래한 탄호이저의 시에 이미 냅킨의 올바른 사용을 강조하는 구절이 등장한다. 서양 사회에서 냅킨이 이처럼 필수적인 도구로 사용되고, 보편화된 배경은 무엇일까? 서양인들의 식기류, 특히 포크를 사용한 역사는 앞에서도 얘기했지만 200~300년 정도에 불과하다. 서양인들은 포크의 존재를 알게 된 이후에도 사용을 꺼렸다. 이러한 사실은 11세기 베네치아로 시집온 공주가 포크를 사용하자 성직자들이 합동미사를 개최해 공주에게 천벌이 내리도록 기도한 사실에서도 확인된다. 냅킨의 등장은 서양인의 맨손

식사와 불가분의 관계에 있다.

천으로 된 냅킨은 초기엔 주로 손이나 어깨 위에 올려놓고 사용한 것으로 전해진다. 그러다 16세기경 유럽에 마치 목도리도마뱀을 방불케 하는 화려한 목 장식 패션이 등장하면서 냅킨을 목에 거는 습관이 나타난다. 17세기에 이르러 목 장식이 퇴조하자 냅킨은 비로소 무릎 위로 내려온다. 이러한 전통은 오늘날까지 이어지고 있다.[15]

15_ 손일락, 『에티켓을 먹고 매너를 입어라』, 웅진 리빙하우스, 2009.

올바른 냅킨 사용 매너

- 냅킨은 일행이 모두 착석하고, 주위 사람들과 한두 마디 이야기를 나눈 다음 천천히 자연스럽게 펴는 것이 좋다. 그리고 행사에 참석한 경우라면 식전 행사, 연설, 건배의 순서를 모두 마친 다음 냅킨을 펼치도록 한다. 초대를 받은 경우엔 초대자가 냅킨을 펼칠 때까지 기다리는 것이 올바른 매너이다.

- 냅킨을 단춧구멍이나 목에 끼는 것은 어린이 이외
  에는 해서는 안 되는 유치한 행동이다.
- 냅킨은 완전히 펼쳐 사용하는 것이 아니라, 두 겹으
  로 접은 상태에서 접힌 쪽이 자기 앞으로 오도록 하
  여 무릎 위에 올려놓는다.
- 입 언저리와 손가락 끝 등을 닦을 때는 냅킨의 귀퉁
  이 부분을 사용한다.
- 간혹 자신의 포켓이나 핸드백에서 손수건을 꺼내
  입을 닦는 사람들이 있는데, 이것은 자칫 "냅킨이
  더러워 사용할 수 없다"라는 표시로 받아들여질 우
  려가 있으므로 주의한다.
- 식사 중에 잠시 자리를 떠야 할 때엔 냅킨은 대강
  접어 의자 뒤에 걸쳐 두면 된다. 이는 식사가 아직
  진행 중이며, 잠시 자리를 비운다는 사실을 알리는
  표시이다. 냅킨을 테이블 위에 놓아두면 식사가 끝
  났다는 의미가 되어 음식을 치워버릴 수 있다.
- 냅킨으로 나이프나 포크, 접시 등을 닦거나 또는 마

치 타월인 양 얼굴이나 목, 손의 땀을 닦는 것은 매너에 어긋난다. 그리고 식탁에서 물 등을 엎질렀으면 냅킨으로 닦는 등 수선을 피우는 것보다는 웨이터에게 맡기는 것이 매너이다. 이때 다른 사람들은 못 본 척하는 것이 좋다.

- 식사를 마친 뒤에 냅킨을 정리할 필요는 없다. 원래 모습대로 깨끗이 접어두면 사용하지 않은 것으로 착각하여 다시 사용할 수 있기 때문이다. 다 쓴 냅킨은 대충 접어서 테이블 위에 놓으면 된다.

일반적인 테이블 매너

- 소금, 후추 등이 손이 닿지 않는 곳에 있다고 팔을 뻗어 옆 사람의 얼굴을 가로지르며 집어오는 것은 올바른 에티켓이 아니다. 이때는 가까이에 앉은 사람에게 정중하게 부탁한다.
- 실수로 기침, 재채기, 트림을 했을 때는 반드시 "미

안합니다"라고 사과한다. 우리나라에선 아직도 트림을 실수가 아닌 자연스런 현상으로 여기는 경우가 많다. 또 음식 대접을 받으면 일부러 트림을 하여 잘 먹었다는 표시로 삼는 나라가 있다는 얘기도 있다. 그러나 식사 도중 코 푸는 일에 대해선 너그러운 서양인들이 유독 트림에 대해서는 금기 중 금기로 여긴다.

- 우리는 손님을 초대했을 때 간혹 상대방이 먹기 편하도록 접시를 옮겨주는 행동을 하게 된다. 이는 일견 정겨워 보이긴 하지만 올바른 테이블 에티켓은 아니다. 그리고 식사를 하면서 다 먹은 접시를 포개어 놓는다든지 옆으로 밀어 놓는 모습도 보기에 좋지 않다.

- 음식은 항상 앉은 사람의 왼쪽 방향으로 들어오고, 빈 그릇을 내갈 때는 오른쪽으로 내간다는 사실을 기억할 필요가 있다.

- 서양 레스토랑에서는 이쑤시개를 보기 힘들다. 그

것은 식탁에선 이쑤시개를 사용하지 않는다는 묵
계를 보여주는 것이다. 다른 사람들이 보는 앞에서
이쑤시개를 사용하는 것은 천박하게 보이므로 주
의한다.

- 초대받아 식사한 경우엔 요리에 대한 칭찬을 아끼
지 말아야 하며, 식사가 훌륭했다는 감사의 인사도
잊지 말아야 한다.

tip!

그리스인들은 식사를 마치고 자리를 뜰 때 접시를 깬다. 아
주 잘 먹었다면 접시 하나를 더 요청해 깰 수도 있다. 이는 접
시를 깨는 소리에 놀라 귀신이 들어오지 말라는 뜻에서 유래한
관습이라고 한다. 그런가 하면 독일인들은 식탁에서 일어나면
서 냅킨을 구겨 식탁 위에 던져 놓는다. 이때 냅킨을 더 많이
구길수록 아주 잘 먹었다는 뜻이 된다.

음 주

서양식 식사에 술은 빠지지 않고 등장하며, 식사 코
스마다 제공되는 술의 종류 또한 매우 다양하다. 반주
로 등장하는 술은 순서에 따라 식전주, 식중주, 식후
주로 구분된다.

식전주(아페리티프 Apéritif)

식전주는 식사하기 전 마시는 술이다. 화기애애한
분위기를 만들어주며, 식욕을 돋우기 위한 목적으로

마시는 술로 이해하면 된다. 칵테일, 화이트 와인, 샴
페인 등이 식전주로 제공된다.

• 끼르(Kir): 프랑스 디종 시의 시장인
끼르(chanoine Félix Kir)가 창안한 칵테일로, 드라이
한 화이트 와인에 과일 시럽인 '크렘 드 카시스
(Crème de cassis)'를 첨가한 칵테일이다. 취향에 따
라 화이트 와인은 스파클링와인(Spakling Wine, 샴페
인)으로 대체할 수 있으며, 이 경우 '끼르 후와이얄
(Kir royal)'이라 부른다. 끼르는 특히 프랑스인들이
선호하는 아페리티프이다.

• 셰리(Sherry): 스페인산 화이트 와인으로 담백한 맛
이 특징이다. 스페인에선 산지인 '헤레스 델라 프
론테라(Jerez de la Frontera)'라는 지방의 이름에서
따 '헤레스(jerez)'라고도 부른다. 여성용인 크림 세
리(Cream Sherry)와 남성용 드라이 셰리(Dry Sherry)

로 구분된다.

- 베르무트(Vermouth, 버무스): 화이트 와인에 각종 약초와 향초를 가미한 것으로 정식 만찬에서 주로 마신다.
- 마가리타(Margarita): 멕시코산 데낄라와 퀴라소, 레몬 주스 등으로 칵테일을 한 여성 취향의 식전주이다. 잔 가장자리에 소금을 곁들인 장식으로 우아한 분위기를 자아내는 것이 특징이다.
- 위스키: 위스키는 취향에 따라 얼음이나 오렌지 주스 등을 희석해서 약하게 마시기도 한다.
- 맨해튼(Manhattan): 버번위스키와 베르무트를 섞어 만든 '칵테일의 여왕'이라 불리는 술이다.
- 샴페인(Champagne): 흔히 발포성 와인을 샴페인이라 부르지만 이는 잘못된 것이다. 본래 프랑스 상파뉴(Champagne) 지방에서 지정된 포도 품종(피노 누아, 피노 뫼니에, 샤르도네 등 세 품종)을 이용, 그 지방의 전통적인 제조 방식으로 만들어진 발포성 와인

에만 샴페인이라는 명칭을 사용할 수 있다. 샹파뉴 이외의 다른 프랑스 지역에서 제조된 와인에는 뱅 무스(Vins mousseux)라는 이름을 사용한다. 스페인에서는 발포성 와인을 까바(Cava), 독일은 젝트(Sekt), 이탈리아는 스푸만테(Spumante), 남아프리카에서는 캡 클라시코(Cap Classique), 미국에서는 스파클링와인(Spakling Wine)이라 부른다.

샴페인에 얽힌 일화

처칠과 샴페인 : 제2차 세계대전을 승리로 이끈 영국 수상 처칠은 아침을 제외한 매 식사 때마다 두 병가량의 샴페인을 마실 정도로 샴페인 마니아였다. 특히 처칠과 '폴 로져(Pol Roger)'[16]라는 샴페인에 얽힌 일화는 매우 유명하다. 어느 날 폴 로져 샴페인을 처음으로 접한 처칠은 그 맛에 반한 나머지 자신이 평생 마실 샴페인을 한꺼번에 주문했다고 한다. 폴 로져사에서 처칠을 위해 2만 병의 샴페인을 따로 보관해 두었다. 폴 로져를 사랑한 처칠이 사망하자 회사에서는 샴페인 병목에 검은 리본을 달아 그를 추

16_ 19세기 이후 영국 왕실에서 마셔온 샴페인으로도 유명하다.

모했다. 이로써 이 회사는 유명세를 타기 시작했고, 지금은 '퀴베 써 윈스턴 처칠(Cuvée Sir Winston Churchill)'이란 이름의 스파클링 와인을 제조·판매하고 있다.

마담 퐁파두르 : 백과사전 편찬 사업을 지원하고, 로코코 양식을 유행시킨 것으로 유명한 이 여인은 18세기 프랑스의 국왕 루이 15세의 애첩이었다. 빼어난 미모와 재능으로 국왕의 사랑을 받았으나, 막대한 국비를 낭비하여 후에 프랑스혁명의 원인을 제공하기도 한 사람이 바로 퐁파두르이다. 마담 퐁파두르는 '모엣샹동(Moët et Chandon)'이라는 샴페인 마니아였다. 모엣샹동사는 매년 5월 그녀에게 이 와인 120병을 보내, 궁정 파티에 쓰도록 배려해 주었다. 그녀는 샴페인이야말로 여성이 음주하고 나서도 아름다움을 유지할 수 있는 유일한 술이라고 했다. 이런 그녀의 샴페인 사랑을 기리기 위해 그녀의 봉긋한 젖가슴 모양의 샴페인 잔이 고안되었다. 그러나 그 잔은 폭이 너무 넓어 향과 거품이 바로 증발해 버리는 단점을 지니고 있었다. 오늘날 사용되는 샴페인 잔은 폭이 좁다.

- 식전주는 주로 차게 해서 마시는 술이기 때문에 잔의 목 부분을 잡고 마시는 것이 좋다. 잔을 손으로 감싸면 체온이 잔에 전해지며, 술의 온도 변화를 일으켜 본래의 맛을 잃게 되기 때문이다.

  긴 모양의 칵테일 잔을 냅킨 등으로 감싸는 이유도 체온이 전달되는 것을 막기 위함이다. 그러나 잔이 지나치게 클 땐 몸체를 잡아도 흉이 되지 않는다.

- 식욕을 돋우기 위해 마시는 술이므로 두 잔 이상 마시지 않는다. 다시 청해 마실 때는 처음 마신 술과 같은 종류를 마신다.

- 찬 종류의 술이라 하더라도 맥주는 식전주로 제공하지 않는다.

🔹 식중주(와인 wine, vin)

　서양에선 식사하는 동안 주로 와인을 마시는데, 이 때문에 '테이블 와인'이라는 표현이 생겼다. "와인 없는 식탁은 태양 없는 세상과도 같다", "와인 없는 식탁은 애꾸눈의 미녀와도 같다"라는 속담이 있을 정도로 와인은 식탁에서 빠질 수 없는 아주 중요한 존재이다. 와인은 식탁의 분위기를 부드럽게 만들어 주는 역할을 하기도 한다.

　그러나 아직도 많은 사람이 와인을 거북한 존재로 여기는 것이 사실이다. 와인에 대해 거부감을 느끼는 사람들에게 그 이유를 물어보면 복잡하고 까다로운 와인 매너를 꼽는 경우가 많다.[17] 사실 그 어느 음식

17_ 우리나라 경영인의 84%는 와인에 대한 지식 부족으로 스트레스를 받고 있는 것으로 조사됐다. 삼성경제연구소는 16~20일 홈페이지와 임원급 대상 정보 사이트 '세리CEO'를 통해 최고경영자(CEO) 및 임원을 대상으로 와인 관련 설문조사를 벌인 결과 응답자 404명 중 84%는 와인에 대한 지식을 잘 몰라 스트레스를 받은 경험이 있다고 답했다고 21일 밝혔다. 조사결과 응답자들은 언제 와인 스트레스를

보다 마시는 절차가 까다로운 게 와인이다. 그러나 몇 가지 기본적인 상식만 알아둔다면 편안하게 즐길 수 있는 것이 또한 와인이기도 하다.

와인의 종류

• 적포도주(레드 와인 red wine, vin rouge): 레드 와인은 껍질의 색이 진한 포도의 껍질, 씨, 줄기를 모두 압착해 얻은 액을 발효시켜 만든다. 씨와 껍질에 있는 타닌 성분이 함께 추출되므로 대개 떫은맛이 난다. 섭씨 18~20도 정도에서 최상의 맛을 느낄 수 있다. 대체로 육류 요리와 어울리

받느냐는 질문에 33.9%는 와인을 선택하라는 주문을 받을 때, 25.7%는 와인의 맛과 가격 등을 구분하지 못할 때, 20.5%는 상대방이 말하는 와인 용어를 잘 모를 때, 3.7%는 와인 관련 테이블 매너를 잘 모를 때 스트레스를 받는다고 답했다. 응답자들의 11.6%는 비즈니스에 있어 와인지식이 매우 중요하다고 생각하고 있었으며, 51.7%는 어느 정도 중요하다고 말했다. 응답자들은 와인 스트레스를 해소하기 위해 44.8%가 전문가로부터의 교육에 참여하고 싶어 했으며, 18.8%는 와인애호가들의 친목모임을, 15.1%는 와인 서적 독학을 선호했다. (연합뉴스, 2007-04-21)

는 포도주이다.

- 백포도주(화이트 와인 white wine, vin blanc): 적포도주와 달리 껍질을 제거한 포도의 즙으로 만든다. 타닌 성분이 적어 맛이 순하고, 상큼하며 황금색을 띠는 것이 특징이다. 섭씨 5~10도로 차게 해서 마신다. 생선 요리와 채소 요리에 잘 어울린다.

- 분홍 포도주(로제 와인 pink wine, Rosé): 적포도주와 제조 과정은 비슷하지만, 짧은 숙성과정을 거쳐 탄생되는 와인이다. 껍질을 오래 담가두지 않고, 백포도주와 적포도주의 중간색이 나오면 껍질을 제거한다. 여름철에 애용하는 와인이다. 백포도주처럼 차게 해서 마시면 좋다.

- 스파클링 와인(Spakling Wine): 백포도주에 설탕을 첨가해 인위적인 발효를 유도, 거품이 생기게 한 포도주이다. 이 과정을 거치면 효모의 알코올 발효 덕분에 이산화탄소가 생성되기 때문이다. 대표적인 와인이라면 샴페인을 들 수 있다. 그러나 샴페인은

프랑스 샹파뉴 지역에서 생산되는 스파클링 와인에
만 사용할 수 있는 명칭이다. 그 외의 와인은 스파
클링 와인이라 칭하는 것이 원칙이다. 샴페인의 적
정 시음 온도는 섭씨 6~8도이다.

• 스위트 와인(Sweet Wine): 단맛이 나
는 와인[18]

18_ 와인의 단맛은 설탕을 첨가해
만드는 것이 아니라 발효되지
않고 남아 있는 포도의 잔류
당분에 의해 나는 것이다.

• 드라이 와인(Dry Wine): 단
맛이 없는 와인
• 미디엄 드라이(Medium Dry)
: 단맛이 약간 있는 와인

와인 마시는 방법

와인은 시각, 미각, 후각을 총동원해 마셔야 제대로
그 맛을 느낄 수 있다. 따라서 와인은 그 고유의 색과
맛을 제대로 볼 수 있는 무색투명한 얇은 잔에, 그리

고 포도주의 향기가 잔 끝에 모일 수 있도록 주둥이가
좁은 튤립형 잔에 마시는 것이 좋다. 물론 잔에 따라
맛이 달라지는 것은 아니지만 격식을 갖추면 한층 더
진수를 맛볼 수 있다.

• 시각: 와인은 포도의 품종, 수확시기, 생산지, 기상
  조건, 제조방법, 숙성기간에 따라 품질 차이가 있
  다. 포도주의 이러한 조건을 통틀어 '떼루아
  (Terroir)'라 부른다. 떼루아를 가장 먼저 확인하는
  방법이 바로 '색, 투명도, 평가'이다. 백포도주의 색
  은 오래될수록 진해지는데, 처음에는 투명한 색이
  지만 점차 황금색으로 변한다. 반면 적포도주는 오
  래될수록 진자주에서 보랏빛으로 색이 옅어진다.
  지나치게 색이 짙거나 침전물이 많은 와인은 변질
  된 와인일 가능성이 크다.
• 후각 : 포도에서 나는 과일 향을 '아로마(aroma)'라
  하며, 숙성 과정에서 자연스럽게 생겨나는 향을

'부케(Bouquet)'라 한다. 와인은 500가지 이상의 다양한 꽃, 과일, 식물 등의 복합적인 향을 지니고 있다고 한다. 와인의 향을 통해서 와인의 건강과 보관상태 등도 판단할 수 있다. 우선 잔에 4분의 1 정도 와인을 채운 다음 잔을 흔들지 않고 향을 맡는다. 그리고 와인과 산소의 자연스러운 접촉을 위하여 조심스럽게 돌려 향을 다시 한 번 맡는다. 품질이 좋고 오랜 기간 숙성과정을 거친 와인일수록 부케가 강한 것이 특징이다.

- 미각 : 와인을 마실 때 바로 삼키기보다 우선 혀의 미각을 통해 와인의 단맛, 쓴맛, 떫은맛을 느낀다. 숙성 기간을 오래 거친 와인일 경우 단맛이 적고, 레드 와인에서는 쌉쌀한 맛이 난다.

- 화이트에서 레드와인의 순서로 마신다.

- 생산연도가 최근 것부터 오래된 순으로 마신다.

- 드라이하고 가벼운 와인부터 알코올 도수가 높은 와인 순으로 마신다.

와인 용어들

와인과 관련된 용어들은 음식과 마찬가지로 프랑스어가 많다. 필요한 용어들을 익혀두면 와인을 선택하거나 시음할 때 많은 도움이 된다.

- 후주(Rouge): 적포도주.
- 블랑(Blanc): 백포도주.
- 뀌베(Cuvée): 여러 가지 포도 품종을 혼합해 제조한 와인.
- 쎅(Sec): 단맛이 전혀 없는 와인, 드라이와인.
- 드미쎅(Demi-Sec): 약간 단맛이 나는 와인.
- 브뤼(Brut): 쓴맛이 나는 와인.
- 네고씨앙(Négociant): 자체 포도밭이 없이, 다른 와인 공장에서 구매 후 병에 담아 판매하는 회사, 도매상인.
- 소믈리에(Sommelier): 레스토랑에서 와인만을 전문으로 서비스하는 종사자를 일컫는 이름으로 '와인

스튜워드’, ‘와인 캡틴’, ‘와인 웨이터’라고도 부른다. 본래 중세 프랑스 궁정에서 음식과 와인을 관리하고 감독하던 사람을 일컫는 말에서 유래하였다. 이들은 와인을 주문받고 서비스하는 것은 물론이고, 품목 선정과 와인 리스트 작성, 와인의 보관 및 관리 등을 책임진다.

• 샤또(Château): 프랑스 와인, 특히 보르도 와인을 얘기할 때, 누구나 한 번쯤은 들어본 단어일 것이다. 샤또(Château)의 사전적 의미는 ‘성(城, castle)’이나 ‘대저택’을 뜻하지만 와인과 관련해서는 포도재배원이나 자체적으로 포도농장을 가진 와인 공장이란 뜻이다. 영어로는 ‘에스테이트(estate)’라고 표기한다. 프랑스에서는 일정 면적 이상의 포도원이 있는 곳으로, 와인을 제조하고 저장할 수 있는 시설을 갖춘 곳이라야 이 명칭을 사용할 수 있다. 프랑스 최대 와인 생산지인 보르도에는 약 3,000개의 샤또가 있다.

나라마다 와인에 대한 엄격한 등급 기준이 있다. 그중에서 세계적인 와인 생산국가인 프랑스는 1935년부터 'AOC'라는 와인 등급 제도를 마련하고, 각 포도재배지의 지리적 경계와 그 이름을 규정하였다. 프랑스에서는 이것을 토대로 와인 제조에 사용되는 포도의 품종, 재배방법, 헥타르당 최대수확량, 양조방법과 최저 알코올 함유량, 숙성조건 등 세세한 부분까지 엄격히 통제하고 있으며, 품질에 따라 4등급으로 분류해 소비자들에게 제공하고 있다.

- AOC(Appellation d'origine controlée 아펠라씨옹 도리진 꽁트롤레): "원산지 통제 명칭"을 뜻하며 프랑스 정부가 품질을 보증한 최상급 와인이다. 이 등급은 프랑스와인 전체 생산량의 35퍼센트 정도를 차지하며, 이 와인들 중에서 다시 특별 검사를 거쳐 선별된 최상급의 와인엔 '그랑 크뤼(Grand Cru)'란 명

칭이 부여된다.

- VDQS(Vin délimité de qualité supérieure 뱅 델리미떼 드 깔리떼 쉬뻬리외): "우수품질 제한와인" 등급으로, AOC보다 아래 등급이지만 AOC와 마찬가지로 원산지 명칭 협회의 엄격한 규제와 감시하에 생산되는 와인이다. 또한 성적에 따라 AOC로 승급하기도 한다. 이 등급은 프랑스 전체 와인 생산량의 2퍼센트 가량이라고 한다.

- Vin de Pays(뱅 드 뻬이): "지역와인" 등급으로, 중급 와인에 해당한다. 한정된 산지에서 생산하는 와인으로 혼합과정을 거치지 않으며 그 지역의 기후와 토질 특색을 지니고 있다. 와인의 질에 비해 가격도 저렴한 편이라 일반인이 가장 선호하는 와인에 속한다. 이 등급은 전체 와인 생산량의 15퍼센트를 차지한다.

- Vin de Table(뱅 드 따블르): "테이블 와인"이란 명칭의 이 와인은 말 그대로 일상적으로 가장 많이 소비되는 와인을 말한다. 다양한 품종의 포도원액을 혼

합해 생산하며 라벨에 포도 품종이나 수확연도가 표시되지 않는다. 제조와 생산에 있어 규제를 받지 않는 저급 와인이기 때문에 생산량은 38퍼센트 정도로 많다.

• 와인잔은 스템을 쥐는 것이 원칙이지만, 물리적으로 불가능하면 안정감 있게 바디를 잡아도 무방하다.

tip!

캉드시 전 IMF총재가 한국에 왔을 때의 일이다. 김대중 전 대통령은 캉드시 총재를 위한 특별만찬을 준비했다. 이 자리에서 김 대통령은 와인글라스를 곧이곧대로 스템을 잡았고, 와인의 본고장 출신인 캉드시 총재는 바디를 잡았다. 참고로 이날 제공된 글라스는 중량이 꽤 나가는 큰 글라스였다. 원칙도 중요하지만 더욱 중요한 것은 안전이라는 사실을 기억해야 한다.

- 우리나라에선 술자리에서 누가 술을 따르든 그다지 문제가 되지 않는다. 그래서 병권을 내가 쥐었니, 주권은 누가 쥐었니 떠들어가며 술을 마시는 것일 게다. 그러나 와인은 원칙적으로 주빈이나 와인을 대접하는 사람이 따르는 것이 기본이다. 다른 사람이 와인에 손대는 것은 남의 여인을 탐하는 것이나 진배없는 행동으로 여기므로 주의해야 한다.

- 육류엔 레드와인, 생선 요리엔 화이트와인이라는 것은 고정불변의 법칙이 아니다. 이러한 조합은 프랑스에 주둔한 미군 병사들의 우연한 사건에서 비롯되었다는 것이 정설이다. 와인과 음식의 조합은 일행의 취향에 따라 얼마든지 바뀔 수 있다. 일반적으로 요리의 소스가 담백하면 화이트와인이, 농후하면 레드와인이 어울린다고 생각하면 틀림없다.

- 고급 음식점에서는 '소믈리에(Sommelier)'라는 와인 전문가가 와인을 선택할 때 조언을 하는 등 도움을 준다. 따라서 와인 선택 시 궁금한 점이 있거나 잘

모르는 것이 있으면 소믈리에에게 부탁하면 된다.

- 와인의 시음은 초대일 경우 초대를 한 남성이 먼저 하는 것이 원칙이며, 초대자가 여성일 경우 참석자 가운데 남성에게 시음을 부탁한다.

- 시음을 마치면 여성부터 시계방향으로 잔의 3분의 2 정도씩 따른다.

- 와인을 따를 때 잔을 기울이거나, 잔에 손을 대서는 안 된다. 잔을 들어 올리면 잔의 청결에 대한 불만의 의미로 받아들이는 나라도 있으므로 주의한다. 웃어른이 잔을 따라 줄 때는 존경의 표시로 테이블 위에 잔은 그대로 둔 채 잔 받침에 손을 가볍게 대면서 감사의 눈인사를 한다.

- 와인을 사양할 때는 잔을 엎어 놓지 말고, 잔 가장 자리에 손을 살짝 얹어 가리는 시늉으로 대신한다.

- 초대받은 경우, 남성이라 할지라도 스스로 자신의 잔을 채우거나 상대방의 잔을 채워주는 일이 없도록 해야 한다. 주인이 잔을 권할 때까지 기다리는

것이 올바른 매너이다.

- 참석자들의 잔이 다 채워지기 전에 먼저 마시지 않는다.

- 우리의 주도에서 첨잔은 금물이지만, 와인의 경우 잔이 비어서는 안 된다. 그리고 잔 밑에 침전물이 가라앉기 때문에 와인은 원샷 분위기로 바닥을 비우듯이 마시지 않는 것이 좋다. 초대자는 잔이 4분의 1 정도 비면 다시 따라주는 게 매너이다.

- 입에 묻은 음식의 기름기가 와인잔 주변에 묻기 쉬우므로 마시기 전에 냅킨으로 입을 닦는 것이 좋다. 또한 음식을 씹으며 와인을 마시면 안 된다. 왜냐하면 음식을 입 안에 넣은 채 와인을 마시면, 와인 특유의 섬세한 풍미가 사라져 버릴 뿐만 아니라, 잔에 음식이 묻어 보기에도 좋지 않기 때문이다. 특히 여성들은 잔에 립스틱 자국이 남지 않도록 해야 한다. 상대방에게 불쾌감을 줄 수 있으므로 마시기 전에 화장지나 냅킨으로 입술을 살짝 눌러준다. 잔에 립

스틱 자국이 묻었다면 재빨리 엄지손가락으로 문질
러 없앤다.

식후주 : 식사를 마치고 난 후 소화를 돕는 목적
으로 마시는 술이다.

식후주의
종류
　　　• 브랜디(Brandy): 네덜란드어 'Brandewijn'
에서 유래한 '불에 태운 포도주'란 뜻인 브랜디는 포
도주를 증류하여 만든 화주이다. 코냑, 칼바도스
(calvados), 아르마냑 등이 있다. 알코올 도수가 높고,
무거운 느낌의 술로 남성들이 즐기는 식후주이다.
• 리큐어(리꿰르 liquer) : 증류주에 과일이나 곡류를
가미해 발효시킨, 맛이 달콤하고 향이 나는 혼성주
이다. "녹는다", "액체가 된다"라는 의미의 라틴어
'리카파세레(liquerfacere)'에서 유래한 프랑스어의
영어식 표현이다. 약용을 목적으로 주로 수도원에

서 생산하기 시작했다. 프랑스 노르망디의 베네딕트파 수도원에서 처음 만든 베네딕틴느(benedictine), 라 그랑드 샤르트뢰즈(La grande chartreuse) 수도원에서 만든 샤르트뢰즈(chartreuse)가 특히 유명하다.

식후주 매너

• 서양에서는 식사를 마치고 커피나 차를 마신 다음 식후주를 마시며 담소를 나눈다.

• 알코올 도수가 높은 식후주는 체온으로 데운 잔이나 살짝 데워진 잔에 담아 피어나는 향을 즐기며 마신다.

• 잔은 보통 '코디얼'이라 부르는 작은 잔으로 마신다. 브랜디 종류는 '브랜디 스니프트'라 불리는 목 짧은 잔으로 마시는 경우가 일반적이다.

• 따뜻한 기운을 느끼는 술이므로 잔을 손으로 감싸고 마셔도 된다.

레스토랑

레스토랑의 유래

레스토랑(Restaurant)은 "부흥하다", "기력을 회복하다"란 뜻의 동사 '레스토레(restaurer)'에서 파생된 프랑스어이다. 1760년대 불랑제(Boulanger)라는 사람은 "불랑제에서는 신비의 스태미나 요리(Restauratives)를 판매합니다"라는 간판을 걸고 양(羊)과 소(牛)의 다리, 꼬리 등으로 만든 일종의 수프를 판매하는 식당을 열었다. 이 요리는 입소문을 타면서 손님들로 문전성시를 이루었는데, 당시 식당조합(길드)에서는 조합에 가

입하지 않았다는 이유로 폐점을 종용한다. 하지만 불랑제는 이에 굴복하지 않고 법에 호소해 승소한다. 이 사건은 식당을 더욱 유명하게 만들었고, 소문을 들은 루이 15세도 이 요리를 맛보고 마니아가 된다. 그 후 식당 이름인 'Restoratives'가 변해 오늘날의 레스토랑(Restaurant)이 되었다고 전한다. 레스토랑이 '신비의 스태미나 수프 요리를 파는 식당'이라는 의미에서 유래하였다는 사실은 자못 흥미롭다.

한편 당시 왕실과 귀족들은 수석 요리사들을 고용하는 것이 유행이었고, 음식과 미각에 특별한 관심이 있었다. 그러나 프랑스 대혁명이 발발한 이후 프랑스 귀족들은 대거 몰락하거나 파산했으며, 이에 따라 수석 요리사들은 일자리를 잃게 된다. 수석 요리사들이 자신의 생계를 위해 레스토랑을 앞다투어 개업하게 된 것은 이 때문이다. 귀족들이 즐겨 먹던 고급 요리와 서비스를 돈만 내면 누구든지 즐길 수 있다는 사실과 귀족 사회에 대한 호기심이 맞물리면서 이들이 운

영하는 레스토랑은 큰 호황을 누리고 발전하게 된다. 수석 요리사들은 귀족 사회의 요리를 세상에 선보였을 뿐만 아니라, 사교계에서 행해지던 테이블 매너까지 전파시켜 이른바 레스토랑 문화 보급의 선도적인 역할을 담당했다.

일반적인 레스토랑의 매너

예약 매너

• 레스토랑을 이용할 때는 사전 예약을 하는 것이 좋다. 예약을 하면 레스토랑에서 기다리지 않고 바로 세팅된 테이블로 안내받을 수 있다. 만약 누군가를 초대하는 자리라면 상대방을 위해 철저히 준비해 놓았다는 느낌과 더불어 환대를 받는다는 인상을 더해 줄 수 있다.

• 누구든 식사에 초대된다고 하면 좀 더 맛있고 유명한 식당에서의 식사를 기대한다. 그러나 맛있고 유

명한 식당은 나를 위해 늘 자리를 마련해 놓고 기다리지 않는다. 혼자라면 자리가 없을 때 기다렸다가 식사를 할 수도 있지만 누군가를 초대해 레스토랑에 도착했는데 자리가 없어 기다리게 된다면 큰 실례가 아닐 수 없다.

• 식당 측에 예약 고객에 대한 준비를 완벽하게 하도록 부탁함으로써 양질의 서비스를 받을 수 있다.

• 특별한 서비스가 제공되는 경우도 적지 않다(예약 시, 생일이나 기념일 등 식사의 목적을 미리 알려주면).

**레스토랑에 가려면
복장도 특별해야 할까?**　할리우드 영화를 보면 턱시도 차림의 남성과 이브닝드레스를 입은 여성이 근사한 레스토랑에서 식사하는 장면이 곧잘 나온다. 이럴 때 간혹 "외국에선 레스토랑에서 식사하려면 반드시 정장 차림이어야 할까?"라는 의문을 갖는 경우도 적지 않다. 물론 서양에선 경우에 따라 정장을 요구하는 레스토랑도 있으므로 예약을 할 때 넥타이나 재킷을 갖추어야 하는지 확인해 두는 것이 좋다. 그러나 일반적으로 레스토랑에서는 복장에 대한 특별한 규정이 없다. 단 레스토랑도 따지고 보면 여러 사람이 모이는 대중 공간이므로 타인에게 불쾌감을 주지 않는 차림이 좋다.

앉는 자리도 중요할까?

• 안내를 받아 착석한다.

식당에 들어서자마자 빈자리가 보인다고 무조건 앉으면 에티켓도 모르는 무식한 사람이라는 취급을 받을 수 있다. 안내원이 보이면 인원수를 말하고 적당한 자리를 안내받는다. 이때 안내받은 자리가 마음에 들지 않으면 마음에 드는 다른 자리를 지정해서 요청해도 무방하다.

• 안내인을 따라 테이블로 이동할 때는 여성을 앞세우는 게 원칙이다.

- 상석을 구분한다.

  식사할 때 어느 곳에 앉느냐에 따라 기분이 달라질 수 있기 때문에 특히 레스토랑에선 자리가 중요하다. 대개 통로의 반대쪽이나 전망이 좋은 자리, 입구와 주방에서 먼 자리나 웨이터가 맨 먼저 빼주는 의자가 상석이므로 주빈이나 연장자가 앉도록 배려한다.

- 남성은 여성의 착석을 돕고서 의자 왼쪽으로 들어가 앉는다. 창가일 경우 여성을 탁 트인 전망 좋은 자리로 안내한다.

- 남성과 여성은 적당히 섞여 앉는다. 부부가 초대받았을 때는 보통 대각으로 마주 앉는다.

- 여성은 핸드백을 의자와 허리 사이에 놓는 것이 좋으며, 휴대 전화와 같은 휴대품을 테이블 위에 놓지 않는다.

주문은 통일?

• 종업원이 메뉴판을 갖다 주면 일행들과 의견을 나누며 음식을 고른다. 모르는 음식 이름이나, 음식 선택이 어려울 땐 종업원의 도움을 받는다. 이때 옆 테이블의 음식을 손가락으로 가리키며 어떤 음식인지 물어보거나 똑같은 것을 달라고 주문하는 것은 삼간다. 종업원에게 조용히 어떤 음식인지 물어보아 결정해 주문하는 것이 에티켓이다.

• 종업원을 큰소리로 부른다거나 손가락을 튕겨 시선을 끄는 모습은 매너에 어긋난다.

• 여성과 초대 손님이 먼저 메뉴를 정한 다음 주문하며, 남성과 동행한 여성은 선택한 메뉴를 남성에게 알려주어 남성이 주문하도록 하는 것이 올바른 에티켓이다.

계산은 Cool~하게 더치페이?

레스토랑에서 식사를 마칠 때까지 남성은 여성을 존중해 주고, 보조해 주는 역할을 해야 한다. 서양에선 특히 여성 존중의 원칙, 즉 '레이디 퍼스트(lady first)'가 매너의 기본이 된다. 따라서 식사를 마친 후 계산도 남성의 역할에 속한다. 물론 항상 남성이 돈을 지불해야 한다는 사실을 의미하는 것은 아니다. 여성이 초대자일 경우 계산 전에 미리 남성에게 식사 경비를 전해 주어 남성이 계산하게 하는 것이 센스 있는 행동이다.